はじめに

約 120 年ぶりの抜本的な見直しと言われる改正民法（債権法関係）は、平成 29 年（2017 年）6 月 2 日法律第 44 号として公布され、令和 2 年（2020 年）4 月 1 日から施行されます。

「債権法」には、契約に関する最も基本的なルールが定められており、企業活動や私たちの生活にとても大きな影響を及ぼす項目が多数含まれています。たとえば、個人が保証人になる場合の保証人の保護、現在の低金利状態に合わせた法定利率の見直し、借金などの返済にあたっての時効の見直し、アパート等の賃借人が支払う敷金に関するルールの明確化など、多岐にわたります。まさに、「知らないと大変」なことばかりです。

本書は、この民法改正について 2 部構成、Q&A 方式でわかりやすく解説したムック形式の書です。

第 1 部では、主な改正点をコンパクトにまとめるとともに、小売・サービス業、建築・不動産業など、業種別にみた対応のポイントを、マンガも交えて理解が進むように工夫しました。

第 2 部では、消滅時効、保証、約款、代理などのテーマ別に、図表やイラストを多用し、なるべく具体的な事例に落とし込んで解説しました。

第 1 部・第 2 部ともに、融資、売買、請負などの各場面で注意すべき点や、取引上不利とならないようなヒントも盛り込んでいます。

執筆に当たったのは、弁護士法人中央総合法律事務所で日々民事法務、金融法務等に携わっている実務経験豊富な弁護士です。

本書が、企業で契約に関する業務に携わっている方々や個人事業主はもとより、ビジネスマン、一般市民まで幅広い層に読んでいただければ、執筆者一同にとって、これ以上の喜びはありません。

読者の皆様の仕事や日常生活での疑問に答え、「損しない」「だまされない」ことに役立ち、「知っておいてよかった」と喜ばれることを願ってやみません。

令和元年（2019 年）9 月

弁護士法人中央総合法律事務所

目次

第1部 知らないと大変！影響が大きいこの業界

第2部 民法改正の重要ポイントQ&A

コラム

凡　例

○本書では、令和2年（2020年）4月1日から施行される改正後の民法を「新法」、改正前の民法を「旧法」と表示しています。

○図表類の出典中「法務省民事局説明資料」とあるものの正式名称は、次のとおりです。
法務省民事局「民法（債権関係）の改正に関する説明資料－主な改正事項－」

○執筆者は、各項目末尾に明記するとともに、巻末に分担一覧を掲載しました。

索引

第1部

知らないと大変!
影響が大きいこの業界

民法改正は産業界に大きな影響を与える。
企業全般・個人事業主、小売・サービス、建築・不動産、
IT・製造、金融の主要業界を網羅し解説。

企業全般・個人事業主への影響①

今までの消滅時効にあった中断や停止はどう変わったの？

消滅時効に関する見直し（その1）

Q 私（A）は工具の卸業を経営していますが、お客さんの中にドリルを大量購入いただいたにもかかわらず、何かと難くせをつけて代金を払ってくれない人がいます。５年の時効が迫っていて心配です。民法改正でも消滅時効に関する見直しがあったと聞いています。どのような改正があったのか、わかりやすく教えてください。特に時効の中断・停止に関する改正点がわかりにくいのですが。

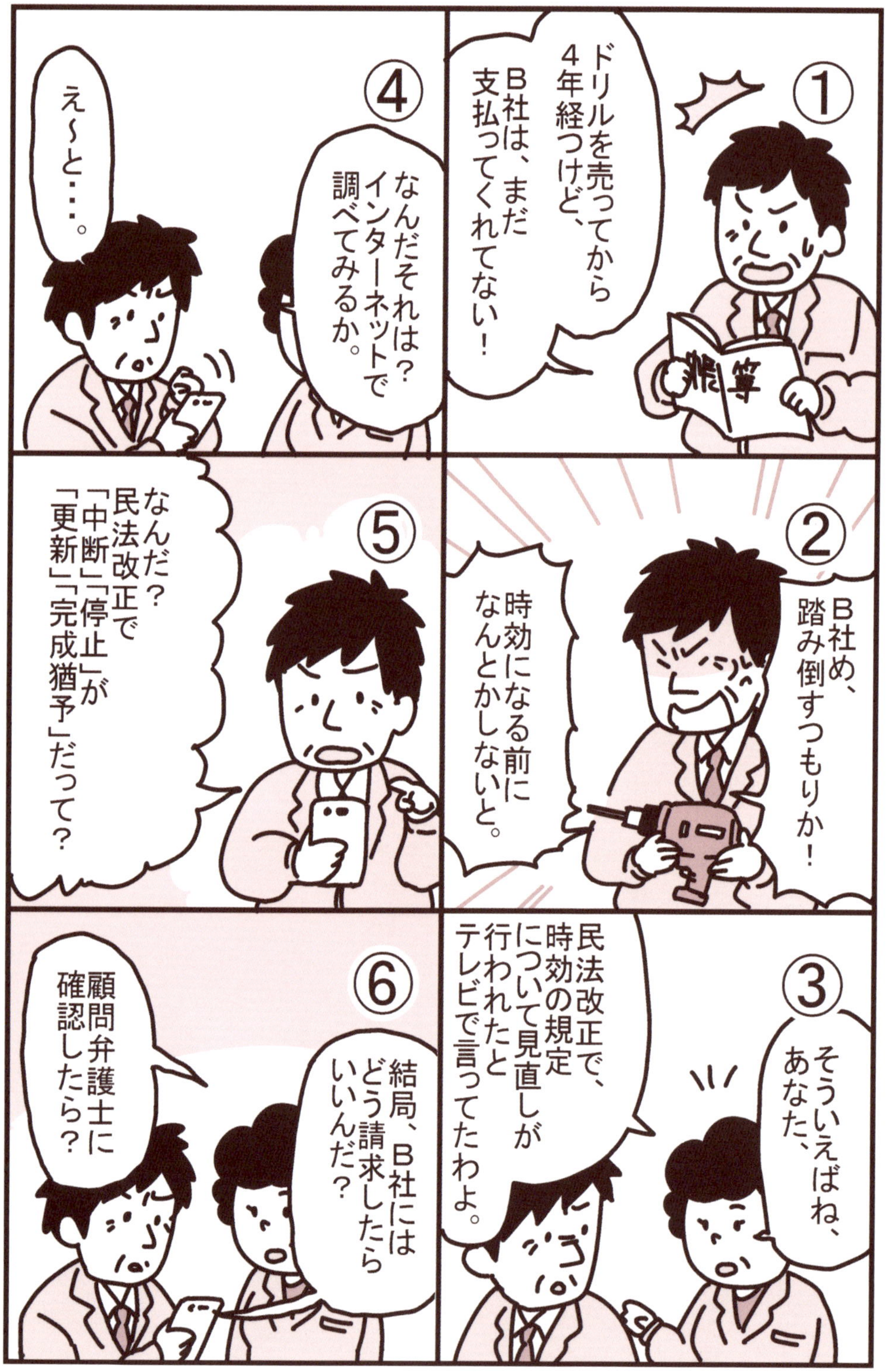

A 民法（債権法）改正により、時効に関する規定が改正されました。改正事項は、大きく分けて、①消滅時効の援用権者に関するもの、②時効の中断・停止事由の見直しに関するもの、③職業別の短期消滅時効制度の廃止とこれに伴う消滅時効の起算点および期間の見直しに関するもの、④人の生命・身体の侵害による損害賠償請求権の時効期間の見直しに関するもの、⑤不法行為の損害賠償請求権の長期の権利消滅期間に関するものがあります。

この項では、事業を営む方にとって特に重要と考えられる、②と③について取り上げることとします。②、③の詳細な解説と①、④、⑤の具体的な改正内容は、第2部46ページをご覧ください。

❶時効の中断・停止が「更新」と「完成猶予」に変わる

改正前民法（以下「旧法」といいます）において、時効の効力には、「中断」と「停止」という2つの概念がありました。

しかし、これらの概念は日常生活で使用される「中断」や「停止」の一般的用語の意味とは少々異なり、わかりやすさに欠けるとの指摘がありました。また、旧法の「中断」には、異なる2つの概念が含まれており、理解をより難しくしていました。

そこで、改正民法（以下「新法」といいます）では、旧法の「中断」の効果のうち、進行していた時効期間の経過がリセットされ、時効期間が新たに0から進行する効果を持つ場合を「時効の更新」と呼ぶことにしました。

また、時効期間の進行それ自体は止まらないが、本来の時効期間が経過したとしても、所定の時期を経過するまでは時効が完成しない効果を持つ場合を「時効の完成猶予」と呼ぶことにしました（新法147条〜152条）。そして、時効の「停止」については、上記の「時効の完成猶予」と同様の効果を持つ概念であったことから、新法では「時効の完成猶予」と呼ぶこととしました（新法158条〜161条）。

たとえば、工具卸商Aが、売買契約を締結して商品の引渡しを行い、購入者がその代金を支払期日までに支払わなかった場合を想定してみてください。この場合、何の権利行使もしないままでは、Aの購入者に対する売買代金債権は、時効により消滅してしまうおそれがあります。

❷裁判を起こせば更新で時効期間はリセット

ここでAが購入者に対して、その代金の支払いを求めて訴訟提起するなどの「裁判上の請求」（新法147条1項1号）をした場合、その債権に関する時効は「更新」により、経過した時効期間はリセットされます。また、「裁判上の請求」をしなかった場合でも、その代金を支払うよう購入者に「催告」（新法150条1項、一定の行為をするよう請求すること）した場合には、その催告があったときから6ヵ月を経過するまでの間、その債権にかかる時効は「完成猶予」され、直ちには完成しません。

上記の整理については、図1も参照してください。その他の時効の更新事由と、完成猶予事由がどのようなものであるかについては、第2部50ページをご覧ください。

（丸山 悠）

図1●時効の概念がこう整理された（時効の中断・停止の見直し）

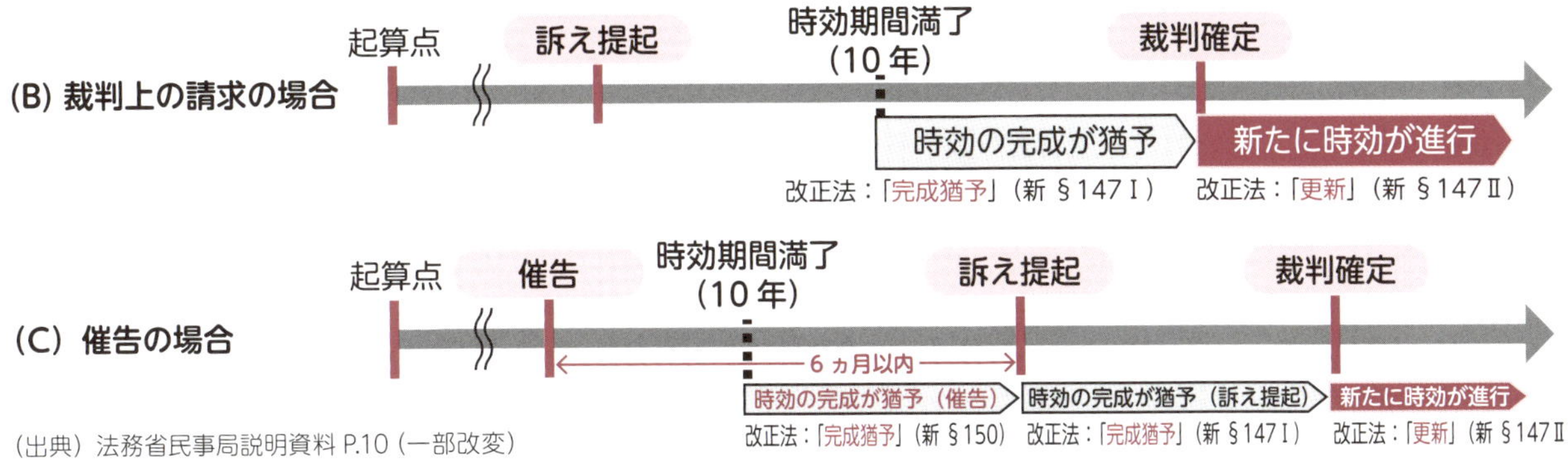

（出典）法務省民事局説明資料 P.10（一部改変）

企業全般・個人事業主への影響②

職業別の短期消滅時効や商事消滅時効はなぜ廃止されるの？

消滅時効に関する見直し（その2）

Q 私は工具卸業を営んでいますが、お客さんの中には業績不振などの理由で、支払いを先延ばしにされるケースがあります。ところで、今回の民法改正で短期消滅時効や商事消滅時効は、廃止されると聞きました。廃止された後はどのような取扱いになるのか、わからず不安です。これらの点をわかりやすく教えてください。

A 短期消滅時効と商事消滅時効の廃止に伴い、時効の起算点と期間の見直しが行われました。

❶職業別の短期消滅時効制度の廃止

旧法では、170条から174条まで、一般的な債権の消滅時効制度の特例である、職業別の短期消滅時効制度が設けられていました。たとえば、旅館の宿泊客に対する宿泊料債権は、1年間行使しないときは、消滅するなどといったものです（旧法174条4号）。

短期消滅時効制度は、対象となる債権の額が比較的少額であるだけでなく、権利関係を速やかに確定することが将来起こりうる紛争予防に効果的であるなどといった狙いから設置された制度です。

しかし、どの債権が同制度の適用対象となるのかの判断が容易でなく、これまでもしばしば裁判で争われることがありました。一般的な債権は、権利を行使することができる時から10年間行使可能であるため（旧法166条1項、167条1項）、同制度の適用対象となるかどうかは、当事者にとってはかなり大きな問題でした。

また、今日の多様化した社会では、職業の種別、取引の形態はますます複雑かつ多岐にわたります。そして、同制度の適用対象であるかどうかの判断も一層複雑化し、権利関係の速やかな確定という制度の狙いすら達成しかねる状況にありました。

そこで新法では、このような問題があることを踏まえて、短期消滅時効制度を廃止し、これまで同制度の適用対象とされていた債権について、一般的な債権と分け隔てなく、取り扱うこととしました。

❷商事消滅時効制度の廃止

商事消滅時効制度についても、同様のことが当てはまります。商事消滅時効は、「商行為によって生じた債権」（旧商法522条）について適用されますが、どのような債権が「商行為」によって生じた債権であるかは、一概には明らかでありません。適用を受けるか否かによって、消滅時効期間が、5年か、10年かに変わってきます。このため、当事者にとっては極めて大きな問題でした。特に事業を営む方にとって、取引先等に対する売掛金債権が消滅することは、大きな収益減につながり、ときとして死活問題となります。

そこで新法では、商事消滅時効制度を廃止し、商事債権についても一般的な債権と分け隔てなく、取り扱うこととしました。

❸起算点と期間の見直し

もっとも、権利関係の速やかな確定という要請がなくなったわけではなく、新法のもとでも同要請の実現手段が模索されました。

そこで、新法では、消滅時効期間について、旧法と同様に「権利を行使することができる時」から10年間行使しないときには、その権利にかかる債権は時効により消滅することを定めました。また、新たに、「権利を行使することができることを知った時」から5年間行使しないときもその債権は時効により消滅することが定められました（新法166条1項）。この点については、図1もご参照ください。

新法の下では、たとえば、売掛金債権について、支払日の定めがある場合には、その支払日が「権利を行使することができる時」であり、かつ「権利を行使することができることを知った時」であるため、同日より5年間、権利を行使しなければ、その権利に関する債権は時効により消滅することになりますので、留意する必要があります。

（丸山 悠）

図1●民法改正で変わる時効

改正前

	起算点	時効期間	具体例	適用に争いのある具体例
原則	権利を行使することができるときから	10年	個人間の貸金債権など 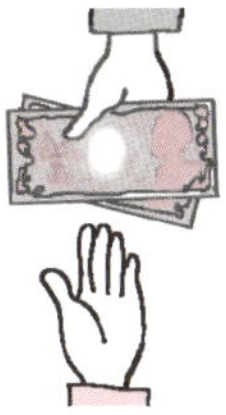	
業種別	権利を行使することができるときから	1年	飲食料、宿泊料など 	「下宿屋」の下宿料
		2年	弁護士、公証人の報酬、小売商人、卸売商人等の売却代金など 	税理士、公認会計士、司法書士の報酬、農協の売掛代金など
		3年	医師、助産師の診療報酬など 	あん摩マッサージ指圧師、柔道整復師の報酬など
商事	権利を行使することができるときから	5年	商行為によって生じた債権	消費者ローンについての過払金返済請求権（判例上10年）

シンプルに統一化

改正法

	起算点	時効期間	具体例
原則	知った時から	5年	P.47 図2参照
	権利を行使することができる時から	10年	

時効の改正前と改正後を比較する
（出典）法務省民事局説明資料 P.2（一部改変）

連帯保証人だけに訴えを起こしても消滅時効は止められないの？

保証に関する見直し（その1）

Q 当X銀行は、A社に対して1,000万円を融資しており、Bさんがその連帯保証人になっています。しかし、約束の返済期限が過ぎても、A社からの返済は一切ありませんでした。このまま放置しておくと、この1,000万円の貸金債権が時効によって消滅してしまいます。連帯保証人Bさんに対し、この1,000万円についての支払いを求める訴えを起こせば、A社に対して有する債権の消滅時効の成立を阻止することができますか。

A 民法改正により、連帯保証人に対する「履行の請求」は、主債務者（お金を借りた当事者）との関係では効力が生じないこととなったため、主債務の消滅時効の中断事由ではなくなりました。したがって、この事例では、連帯保証人であるBさんに対して訴えを起こしても、A社に対する債権について、消滅時効の成立を阻止できません。

❶保証とは何か？

保証とは、主債務者が債務の支払いをしない場合に、主債務者に代わって債務の支払いをするという合意をいいます。

保証には、通常の保証（特定の債務の保証）と、根保証（継続的に発生する不特定の債務の保証）があります。前者の例としては住宅ローンの保証、後者の例としては継続的な事業用融資の保証が挙げられます。

❷連帯保証は保証より強力な効果

連帯保証とは、保証人が主債務者と連帯して債務を負担することをいいます。Qでいうと、X銀行が債権者（貸主）、A社が主債務者（借主）、Bさんが連帯保証人となります。

連帯保証は、多くの点で、保証よりも強力な効果があります。たとえば、保証の場合、債権者は保証人に対していきなり支払いを請求することはできません。この場合、債権者は、まずは主債務者に対して支払いをするように請求しなければなりません。これに対して、連帯保証の場合、債権者は、いきなり連帯保証人に対して支払いを請求することができます。

● A社に対する債権の消滅時効を阻止できるか

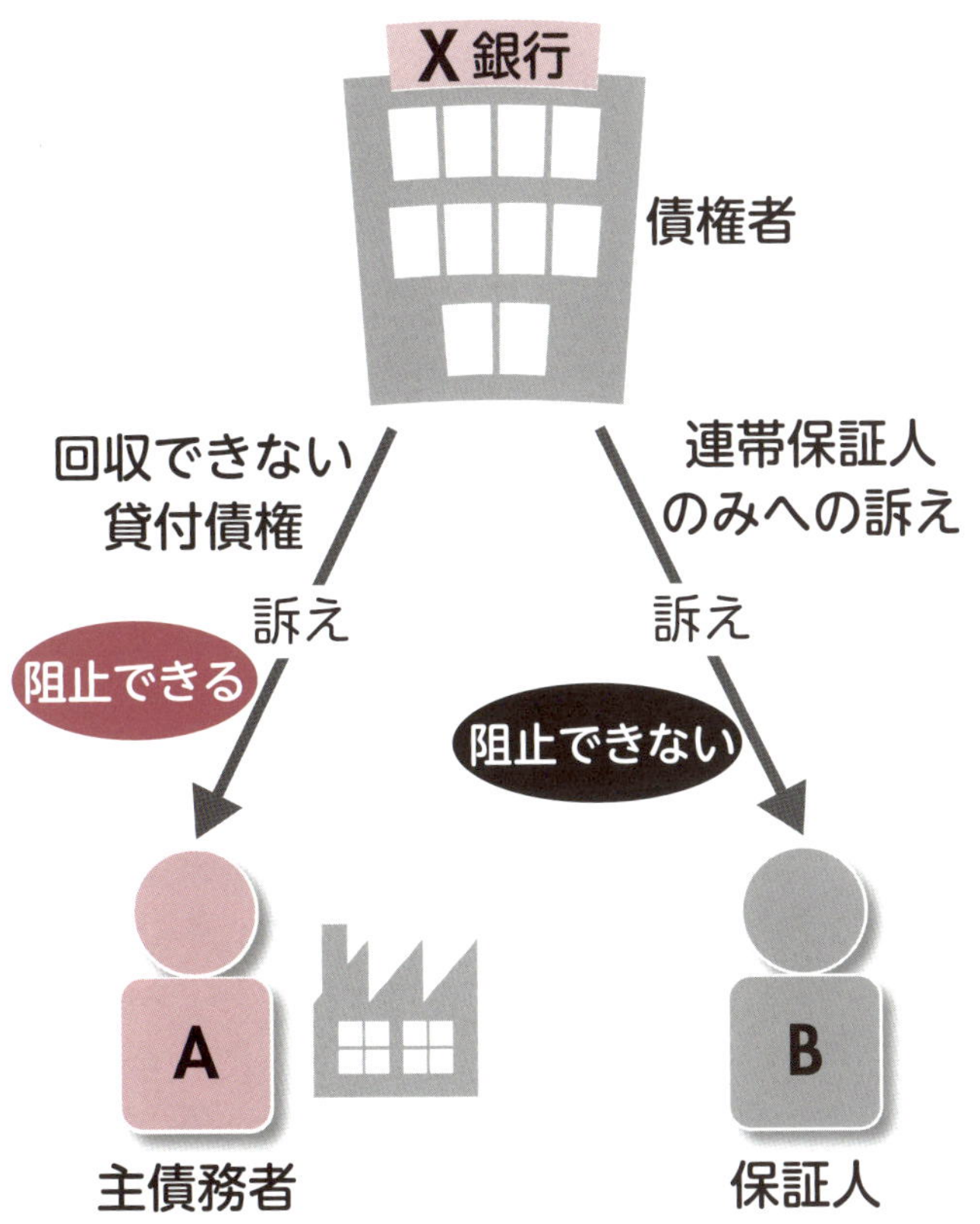

（注）本書編集部作図

❸連帯保証人への訴えと消滅時効

消滅時効とは、ある権利が一定期間にわたって行使されなかった場合に、その権利が消滅することをいいます（第1部9ページ、第2部46ページ参照）。

Qでは、約束の返済期限がありますので、X銀行はこの期限から5年間権利を行使しなければ、A社に対する1000万円の貸金債権は、時効により消滅してしまいます（第1部9ページ、新法166条1項）。X銀行としては、消滅時効の完成によってこの債権を失わないようにするためには、支払いを求める訴えを起こすなどにより、消滅時効の完成を止める（時効の完成猶予を行う）必要があります。

ここで、X銀行としては、A社に対して訴えを起こせば、消滅時効の完成を阻止することができます。では、連帯保証人であるBさんに対してのみ訴えを起こした場合はどうでしょうか。

この場合について、現在の民法では、連帯保証人であるBさんに対して訴えを起こせば、A社に対して消滅時効の中断（消滅時効の成立の阻止）を主張することができました。しかし、今回の民法改正により、連帯保証人に対する「履行の請求」（Bさんへの訴えの提起）は、主債務（X銀行とA社との間における1000万円の支払債務）との関係では効力が生じないこととなりましたので、主債務の消滅時効を阻止する方法ではなくなりました（新法458条参照）。金融機関にとって、時効管理のうえで、この改正ポイントは非常に重要です。

（西川昇大）

企業全般・個人事業主への影響④

保証人になってもらうには公的な意思確認が必要なの？

保証に関する見直し（その2）

Q 私は、工作機械の製造業を営んでいます。当社が事業用の融資を受けるにあたり、融資する金融機関から保証人をつけてほしいと言われました。そこで、私の友人であるＡさんに、保証人になってほしいとお願いするつもりです。

Ａさんに保証人になってもらうためには、どのような手続きが必要なのでしょうか。

A Aさんが保証人になるためには、①相談者と金融機関が融資に関する契約を締結すること、②金融機関とAさんが書面により保証契約を締結することが必要です。また、今回の民法改正により、③第三者である個人の事業用の融資の保証人となろうとする場合、公証人の前で保証意思を確認してもらうことが必要となります。

さらに今回の民法改正により、④事業のために負担する債務について保証人になることを第三者個人に依頼する場合、相談者からAさんに対して相談者の財産状況などに関する情報を提供することが必要となります。

❶保証とは何か?

保証とは、主債務者（お金を借りた当事者）が債務の支払いをしない場合に、主債務者に代わって債務の支払いをする合意のことをいいます。保証には、通常の保証（特定の債務の保証）と根保証（継続的に発生する不特定の債務の保証）があります。

❷民法改正で保証制度の何が変わったか?

今回の民法改正で、保証制度において大きく変更した点は、次の4つです。詳しくは、第2部56～63ページをご覧ください。

1 包括根保証の禁止対象が拡大

根保証は、継続的に発生する不特定の債務について保証するため、保証人となる時点では現実にどれだけの債務が発生するのかわかりません。つまり、根保証人となる人にとっては、将来自分が保証する債務が10万円になるのか1億円になるのかわからないまま、想定外の債務を負うことになってしまう可能性があります。

この点について、現在の民法では、個人が貸金などについて根保証契約をする場合には、保証する債権の上限額（「極度額」といいます）を定めなければなりませんが、貸金などにあたらない債務（賃貸借契約や継続売買取引契約による債務など）の根保証については、極度額の定めは必要ではなく、この場合に保証人が予期しない債務を負担することになってしまう可能性がありました。

そこで、新法では、すべての根保証契約について、極度額の定めが義務づけられました（新法465条の2）。

2 事業用融資における第三者保証の制限（公証人による意思確認手続の新設）

保証制度には、主債務者の信用補完や経営の規律づけといった重要な役割があります。とりわけ、中小企業の経営者などが事業用の融資を受けるために会社の保証人となる経営者保証は、金融機関と会社の双方にとって有用です。その一方で、会社と関係のない第三者個人が保証人となるような第三者の個人保証の場合、その第三者が多額の保証債務の履行を求められて生活が破綻してしまうという事態は望ましくありません。

そこで、新法では、「事業用融資の第三者個人保証の場合に、公証人があらかじめ保証人本人から直接その保証意思を確認しなければ、効力を生じない」とのルールが規定されました（新法465条の6）。

●包括根保証の禁止の対象拡大

改正前

主債務に含まれる債務	貸金等債務あり	貸金等債務なし（賃借人の債務など）
極度額	極度額の定めは必要	極度額の定めは不要
元本確定期日（保証期間）	原則３年（最長５年）	制限なし
元本確定事由（特別事情による保証の終了）	破産・死亡などの事情があれば保証は打ち切り	特に定めなし

改正法の内容

主債務に含まれる債務	貸金等債務あり	貸金等債務なし（賃借人の債務など）
極度額	極度額の定めは必要	極度額の定めは必要
元本確定期日（保証期間）	原則３年（最長５年）	制限なし
元本確定事由（特別事情による保証の終了）	破産・死亡などの事情があれば保証は打ち切り	破産・死亡などの事情（主債務者の破産等を除く）があれば保証は打ち切り

（出典）法務省民事局説明資料 P.18（一部改変）

●保証契約を締結する時の情報提供義務

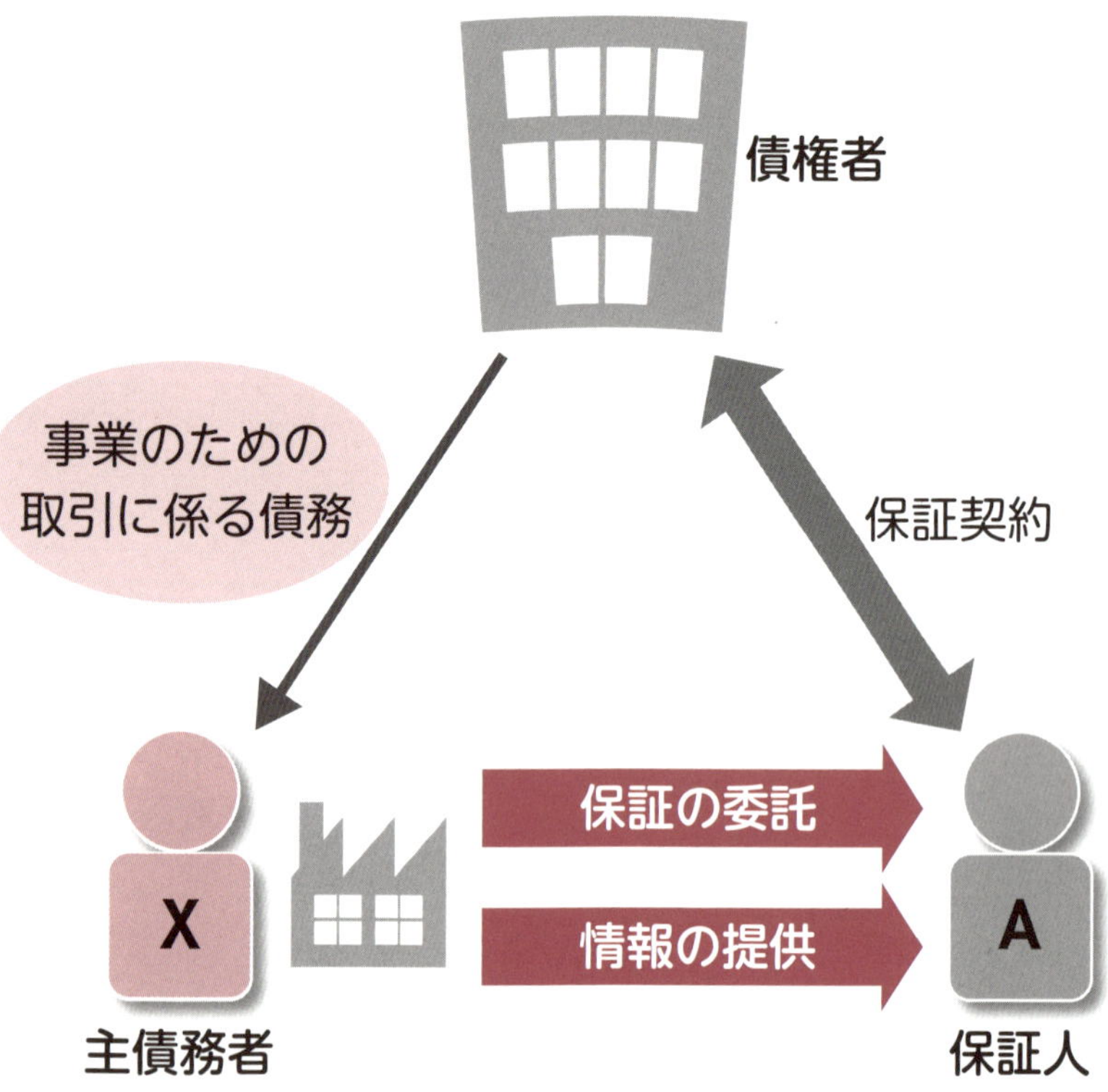

（出典）法務省民事局説明資料 P.24（一部改変）

なお、ここでの「第三者」には、㋐主債務者が法人である場合の理事・取締役・執行役など、㋑主債務者が法人である場合の総株主の議決権の過半数を有する者など、㋒主債務者が個人である場合の共同事業者、または主債務者が行う事業に現に従事している主債務者の配偶者は、含まれません（新法465条の9）。

3　保証契約締結時の情報提供義務

「保証人となる時に、その保証のリスクを十分に把握していなかった」というケースは、決して少なくありません。現在の民法では、主債務者（お金を借りた当事者）は保証人に対して、自らの財産状況などの情報を説明する義務を負っていないからです。また、債権者も、主債務者の財産状況などの情報を保証人に伝える義務を負っていません。

そこで、新法では、主債務者から保証人に対する情報提供が義務づけられました（新法465条の10）。この情報提供義務は、個人に対して事業上の債務の保証を委託する場合に適用され、貸金債務の保証に限られません。また、提供すべき情報の内容は、㋐財産および収支の状況、㋑主債務以外の債務の有無・その債務の額・その債務の履行状況、㋒担保として提供するもの（たとえば、ある土地

主債務者から情報を
提供してもらえれば、
保証するかどうかも判断できるぞ!!

に抵当権を設定するのであれば、その内容）となっています。

そして、情報提供義務に違反した場合、保証人は、法定の要件を満たせば、保証契約を取り消すことができます。

4　主債務者が期限の利益を喪失した場合の情報提供義務

保証人が負担する債務の額は、主債務者が支払いを遅滞した後に発生する遅延損害金によって、大きく膨らむことがあります。特に、主債務者が分割金の支払いを遅滞して期限の利益（分割払いの約定がされて弁済が猶予されることから、期限が到来しないことによって債務者が受ける利益をいいます）を喪失して一括払いを求められるケースでは、保証人が主債務者が支払いを遅滞し期限の利益を喪失したこと（主債務者が分割払いの支払いを怠り、特約に基づいて保証人が一括払いの義務を負うことなどをいいます）を知っていれば、債権者に対して早期に立替え払いをするなどの方法によって、遅延損害金が発生することを防ぐことができます。しかし、現在の民法では、保証人は、主債務者が支払いを遅滞したことを当然に知ることはできません。

そこで、新法では、債権者から保証人に対する期限の利益喪失に関する情報提供が義務づけられました（新法458条の3）。この情報提供義務は、保証人が個人である保証一般に適用されます。また、情報提供義務の内容は、「主債務者が期限の利益を喪失したときは、債権者は、保証人に対し、その喪失を知った時から2ヵ月以内に、その旨を通知しなければならない」というものです。そして、義務違反の場合は、債権者は、期限の利益を喪失した時からその後に通知を現にするまでに生じた遅延損害金については、保証債務の履行を請求することができないことになります（ただし、主債務者は支払義務を負います）。

❸Qの場合はどうなるか

Qでは、Aさんが保証人になるための手続きが問題となっています。

一般的に、保証契約が成立するためには、債権者と主債務者が主債務を発生させる契約を締結することと、債権者と保証人となる者が書面により保証契約を締結することが必要です。Qでは、①相談者と金融機関が融資に関する契約を締結することと、②金融機関とAさんが書面により保証契約を締結することが、これにあたります。

また、前述のとおり、今回の民法改正により、③第三者である個人のAさんが事業用の融資の保証人となろうとする場合、公証人の前で保証意思を確認してもらうことが必要となりますし（新法465条の6）、④事業のために負担する債務について保証人になることを第三者個人に依頼する場合、相談者からAさんに対して、相談者の財産状況などに関する情報を提供することが必要となります（新法465条の10）。（西川昇大）

●主債務者の履行状況に関する情報提供義務

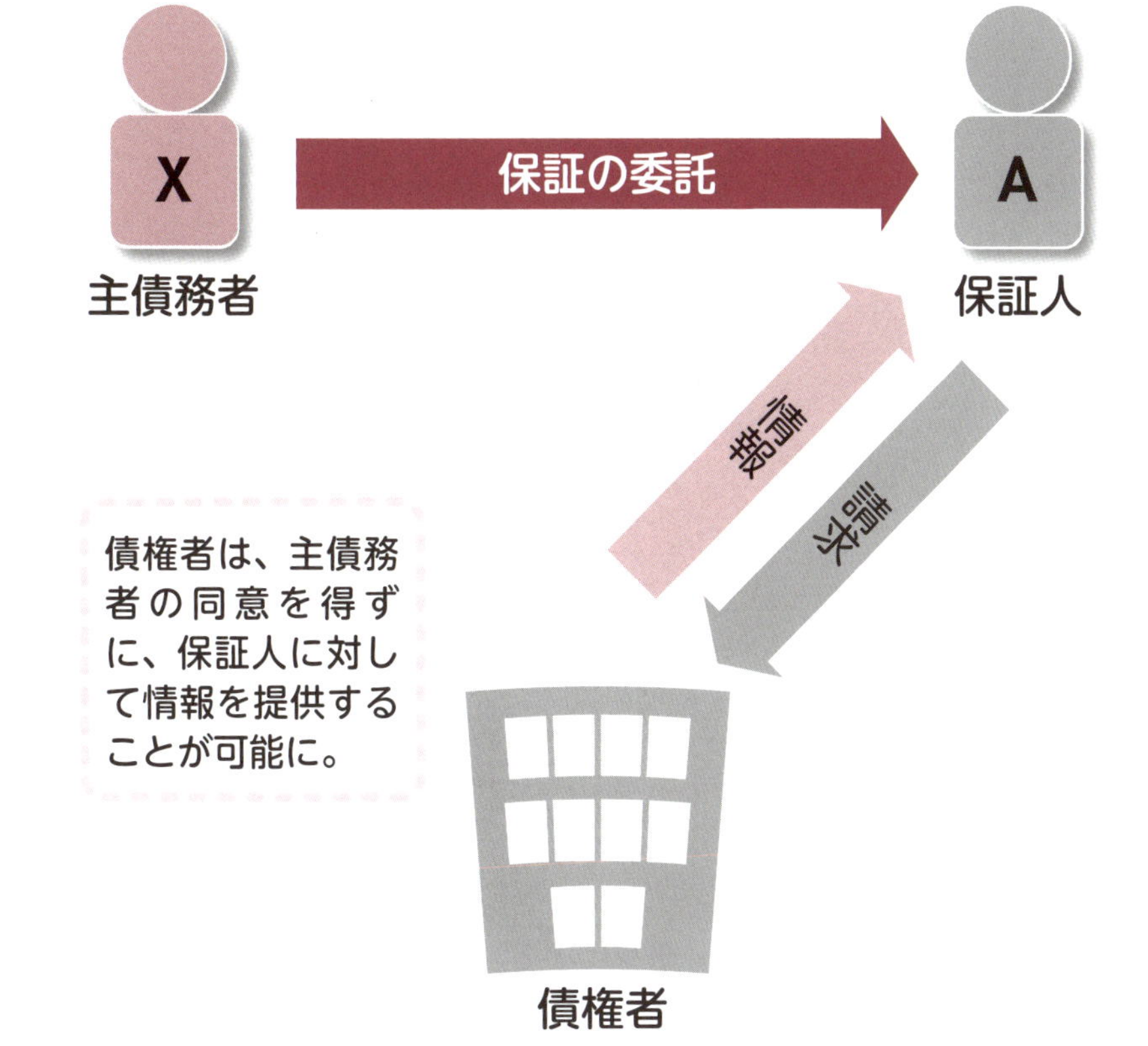

（出典）法務省民事局説明資料 P.26（一部改変）

企業全般・個人事業主への影響⑤

法定利率はいったい何%になるの?

法定利率に関する見直し

Q 当社は、A社に対して300万円貸し付けています。特に金利は定めなかったので、1年後の返済時には、法定利率の5%(金利分15万円)を加えた315万円返済されるものと思います。しかし今回の民法改正で約定利率を定めなかった場合、利率は年3%になるそうですが、この金利はその後も適用され続けるのでしょうか。

①
A社に貸し付けた300万円は金利15万円をつけて1年後に戻ってくるんだよな。
②
はい。ただし、民法改正により、法定利率に関する改正があります。
③
そうだったな。すると民法改正後の金利は3%か。
④
ところで民法改正後の2年目、3年目の金利はどうなるんだ?
⑤
えっと、ちょっと変動します。複雑なんでうまく説明が・・・。
⑥
それじゃ困るじゃないか。

A 法定利率は年3%に固定されるのではなく、3年を1期として、一定の基準に従い変動します。

❶改正前の法定利率の定め方

旧法では、法定利率が年5%と定められていました（旧法404条）。たとえばあなたが、A社に対して、300万円を貸し付けていた場合、この貸付債権には、別段の定めがない限り、年率5%の利息が生じます。あなたがA社より返済を受けられる金額は、1年後に元本と利息を合わせて、315万円（＝元本300万円＋利息15万円（300万円×5%））となります。

❷改正後の法定利率は3%

新法では、旧法で年5%であった法定利率は、年3%に引き下げられました（新法404条2項）。つまり、仮に改正後に300万円を貸し付けた場合、あなたがA社から返済を受けられる金額は、309万円（元本300万円＋利息9万円（300万円×3%））になるわけです。

では、なぜ法定利率は引き下げられたのでしょう。旧法は、約120年前の制定当時の市中での一般的な貸出金利を基準に法定利率を設定していました。それが年5%でした。しかし、昨今、わが国では超低金利の状態が続いています。年5%という法定利率は、社会の実態とはかけ離れたものとなってしまいました（図1）。法定利率が市中金利を大きく上回ってしまうと、債務者は約定金利を定めなかったばかりに、市中金利を大きく上回る利率により算出された利息を支払わなければならない事態となるなど、さまざまな弊害が生まれることになります。

そこで、このような事態を踏まえ、新法では法定金利は年3%にまで引き下げられたのです。なお本改正に伴い、商法で定められていた商事法定利率（旧商法514条）の規定も併せて廃止されました。

❸今後、年3%で固定されるのか

(1) 法定利率を年3%で固定してしまうと、旧法の場合と同様に、市中金利に大きな変化があった場合、法定金利は再び実態に合わないものとなってしまうおそれがあります。その場合に再び法改正で対処していく方法では、将来も繰り返し同様の措置を採らなければなりません。また法定利率に関する予測可能性も担保できず、適切とはいえません。

そこで新法では、一定の数値を指標として、その数値が大きく変動した場合に、それに合わせて法定利率を緩やかに変動させていく仕組みを採用しました。

図1 ●基準割引率と基準貸付利率（旧「公定歩合」）の推移

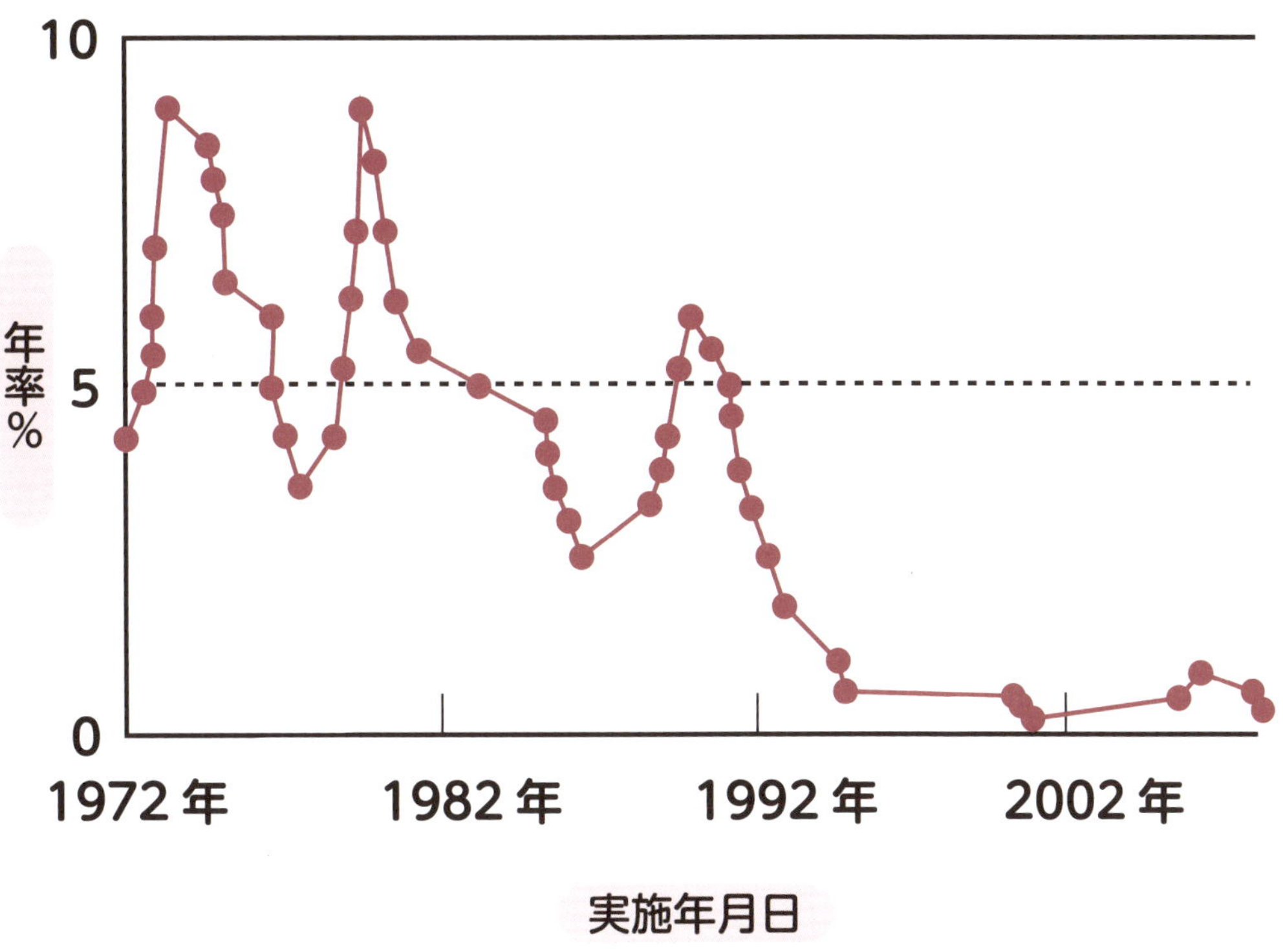

（※）「基準貸付利率」は、日本銀行が金融機関に直接貸し付ける際の基準金利である。
（出典）法務省民事局説明資料 P.12

具体的な仕組みは、次のとおりです（新法404条3項～5項、附則15条2項）。

1　法定利率は、法務省令で定めるところにより、3年を1期として1期ごとに②の通りの基準に従い、変動します。

2　直近変動期の基準割合と当期の基準割合との差に相当する割合（その割合に1％未満の端数があるときはこれを切り捨てます。以下、「割合差」といいます）を、直近変動期の法定利率に加算、または減算します。

＊直近変動期・・・法定利率に変動があった期のうち直近のもの。ただし、新法施行後、最初の変動があるまでは、新法の施行後最初の期といいます。

＊基準割合・・・日本銀行が公表している貸出約定平均金利の過去5年間（各期の初日の属する年の6年前の年の1月から前々月の12月までの各月）における短期貸付けの平均金利の合計を60（5年×12ヵ月）で除して計算した割合（0.1％未満は切捨て）。

（2） これだけを見てしまうと、非常に難解な仕組みのように思われます。法務省は、この仕組みについて、変動シミュレーション（**図2**）を作成し、公表していますので、この図に沿って上記の仕組みを説明します。

ア　まず、**図2**のうち、上図「①基準割合の上昇局面」をご覧ください。たとえば、第2期を見てみます。第2期における基準割合は、「1・1」であることがわかります。そして、直近変動期の基準割合（第1期の基準割合）が「0・7」であることがわかります。この場合、割合差は、「0・4」（＝「1・1」-「0・7」）となります。上記のとおり、1％未満の端数があるときはこれを切り捨てることとなりますので、第2期の場合は、切り捨てにより割合差は「0」とカウントします。そうなると、直近変動期（第1期）における法定利率「3」％に、「0」を加算しますので、合計は「3」（＝「3」＋「0」）となります。したがって、第2期における法定利率は、第1期と変わらず、3％となります。

同様に、第3期の場合、同期の基準割合は「0・5」であるところ、直近変動期の基準割合（第1期の基準割合）は「0・7」ですので、割合差は、「-0・2」（＝「0.5」-「0・7」）となり、やはり1に満たず切り捨てられます。したがって、割合差は「0」としてカウントされることになり、第3期における法定利率もまた、第1期と変わらず、3％（＝「3」-「0」）となります。

ここで、第6期をご覧ください。同期の基準割合は「1・7」であるところ、直近変動期の基準割合（第1期の基準割合）は「0・7」ですので、割合差は、「1」（＝「1・7」-「0・7」）となります。したがって、第6期における法定利率は、直近変動期（第1期）における法定利率「3」％に「1」を加算し、4％（＝「3」＋「1」）となります。

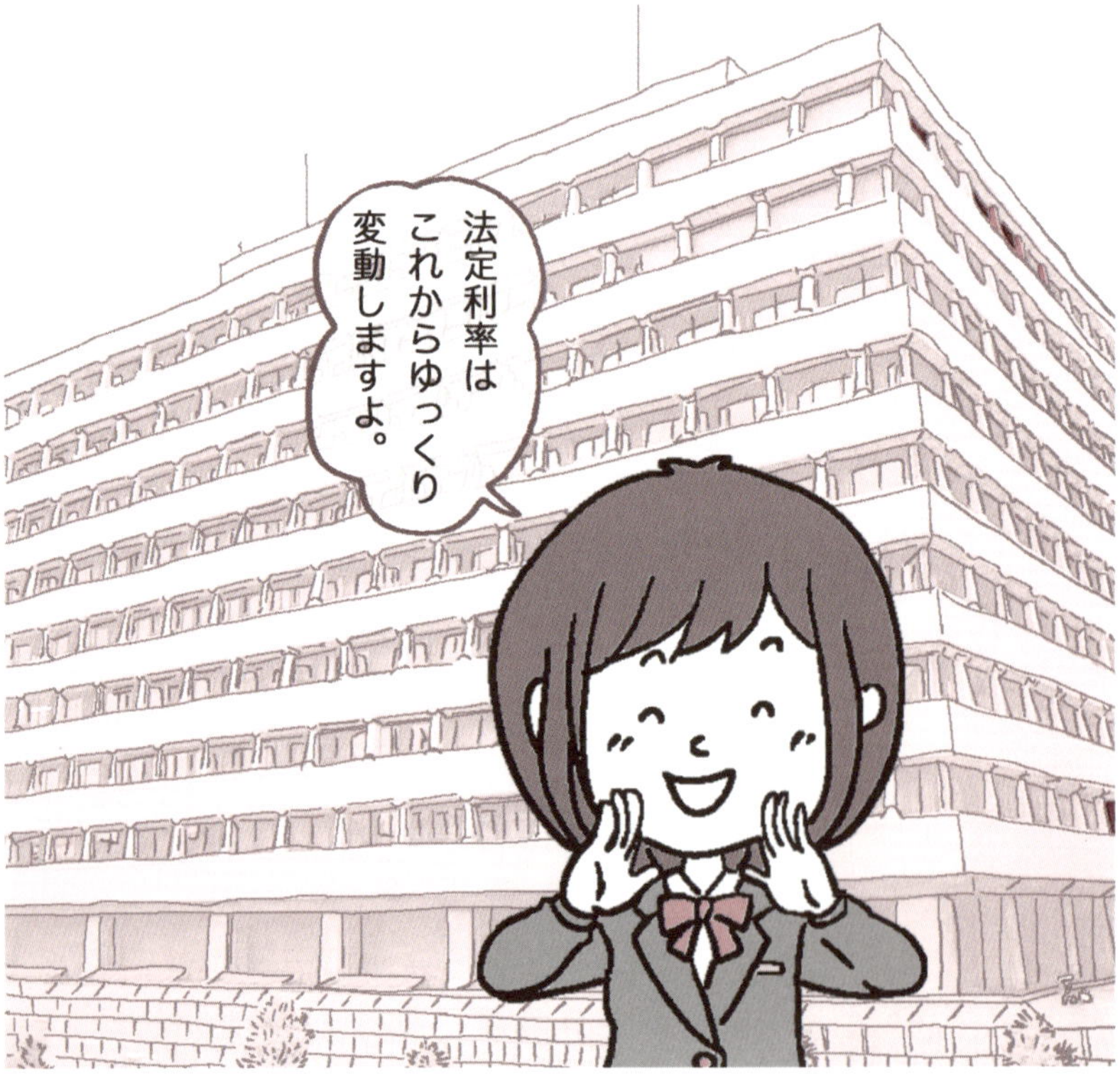

図2●変動のシミュレーション

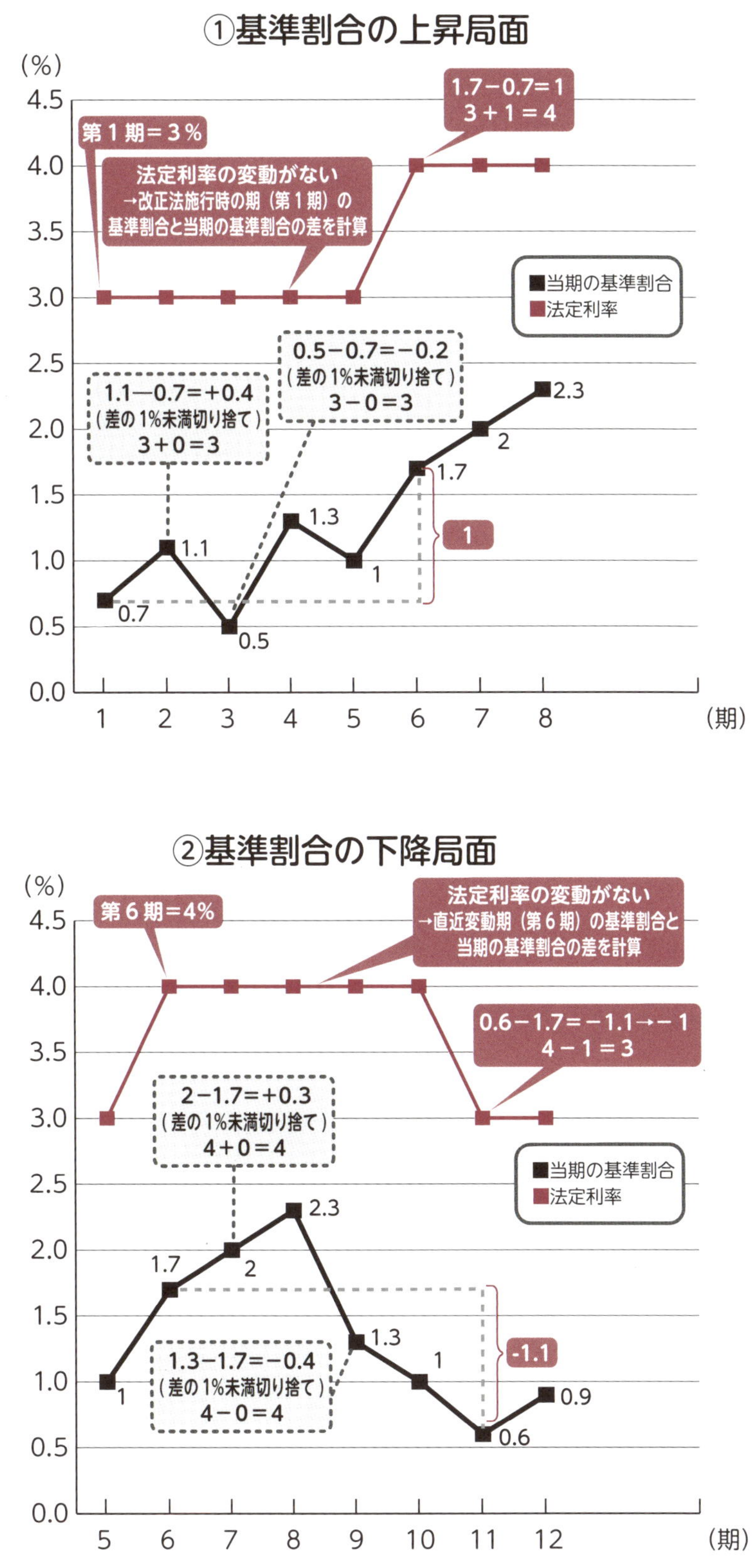

（出典）法務省民事局説明資料 P.14

そして、以後、直近変動期は、法定利率について次の変動があるまで、第6期となり、直近変動期の基準割合は「1・7」となります。図2のうち、下図「②基準割合の下降局面」をご覧いただくと明らかなように、第7期および第9期については、直近変動期の基準割合を「1・7」として、割合差を求めています。

イ　では、割合差が－（マイナス）1以下になる場合は、どのように法定利率が変化するのでしょうか。この点については、図2のうち、下図「②基準割合の下降局面」の第11期をご覧ください。

すでにおわかりの方もいらっしゃると思われますが、第11期の基準割合は「0・6」であるところ、直近変動期の基準割合（第6期の基準割合）は「1・7」ですので、割合差は、「－1・1」（＝「0・6」－「1・7」）となります。ここで、1％未満の端数があるときはこれを切り捨てることとなりますので、第11期における割合差は、「－1」とカウントします。したがって、第11期における法定利率は、直近変動期（第6期）における法定利率「4」％から「1」を減算した、3％（＝「4」－「1」）となります。

法定利率の見直しについて、本稿で説明しきれなかった点については、第2部64ページでご説明いたしますので、ご参照ください。

（丸山　悠）

企業全般・個人事業主への影響⑥

どういうものが定型約款に当たるの？

約款（定型約款）に関する規定の新設

Q 当社はスーパーマーケット運営会社ですが、このほど取締役会でポイントカードのポイント還元率の 2%引上げが決まりました。私は、総務担当で法務部門もカバーしています。今回の変更は定型約款の変更も必要と思われますが、どの書類が定型約款に当たるか知りたいです。総務部長から定型約款の変更を指示されましたが、さらに定型約款を変更する場合、どんなことに注意すればいいでしょうか。

A 一般的な事業者間取引で用いられる契約書のひな形や労働契約のひな形などは定型約款に当たりません。また定型約款の変更には、相手方の一般の利益に適合することという要件が必要とされます。

❶定型約款とは何か

まず、どのようなものが新法に定められている「定型約款」（新法548条の2）に当たるか。その前提として、「定型約款」とは、どのようなものをいうのか、説明します。

定型約款とは、

①ある特定の者（以下、「定型約款準備者」といいます）が不特定多数の者を相手方として行う取引で

②その内容の全部または一部が画一的であることがその双方にとって合理的なものを「定型取引」と定義したうえで、この定型取引において、

③契約の内容とすることを目的としてその特定の者により準備された条項の総体

をいう（新法548条の2第1項）としています。以下、具体的にどのようなものが定型約款に当たるか、について説明します。

労働約款や事業者間の
契約書ひな形は
定型約款じゃないんです

❷労働契約は定型約款に当たるか

企業や個人事業主が労働者と労働契約を締結する場合に、契約書のひな形が用いられることが多いと思われます。この労働契約のひな形を利用して労働契約が締結された場合に、その契約書は定型約款に該当するのでしょうか。

まず上記の「定型取引」の要件のうち、「特定の者が不特定多数の者を相手方として行う取引」とは、ある取引の主体が取引の相手方の個性を重視せずに多数の取引を行う場面を想定していることから、設けられたものといえます。

そして、企業や個人事業主が、複数の労働者と同様の労働条件で労働契約を締結するとしても、労働契約は、その契約の性質として企業・個人事業主が、相手方の能力や人柄等の個性を重視して個別に締結されるものですから、「不特定多数の者を相手方として行う取引」には当たらず、特定個人を相手方として行われる取引といえます。

このため、企業が準備した労働契約のひな形を利用して労働契約が締結された場合に、その契約書は定型約款に該当しません。

❸事業者間取引の契約書ひな形は定型約款に当たらない

事業者（企業、個人事業主）間で行われる事業上の取引には、契約当事者の一方が準備した契約書のひな形を利用して契約が締結されることがあります。この場合は、定型約款に該当するでしょうか。

事業者間取引では、ひな形どおりの内容で契約するかどうかは、最終的に当事者間の交渉によって決まるものです。他方、当事者から他のひな形を提示され、そのいずれを採用するかも含めて交渉が行われることも考えられます。この場合、ひな形を準備した当事者にとっては、取引内容を画一化することが合理的であると考えていたとしても、他方当事者にとっては必ずしも、そのようにはいえず、②その内容の全部または一部が画一的であることがその双方にとって合理的なもの、とはいえません。

このため、事業者間取引の契約書ひな形は定型約款には該当しません。

図１●定型約款に該当するもの・しないもの

該当するもの

鉄道・バスの運送約款、電気・ガスの供給約款、保険約款、
インターネットサイトの利用規約約款など

該当しないもの

一般的な事業者間取引で用いられる契約書のひな型、
労働契約のひな形など

（注）本書編集部作図

❹これまで「約款」と呼ばれていたもの

従来、契約当事者間で、「約款」と呼ばれていたものであっても、当然に、新法548条の2の規定の適用を受けるものではなく、❶で記載した①、②、③の要件を満たさないものについては、新法548条の2の規定の適用を受けないこととなります。

これまで契約当事者間で、「約款」と呼ばれるものであっても、その「約款」が、❶で記載した①、②、③の要件を満たすかどうかを検討する必要があります。

❺定型約款をどう変更したらいいか

問題点をさぐる

まず定型約款の変更は、契約内容をあとから変更することを意味し、民法の原則によると、相手方の承諾を必要とします（詳細は、第２部12参照）。このため、定型約款をあとから変更するには、契約の相手方である顧客から個別に承諾を得る必要があります。もっとも、多数の顧客と定型約款の変更について個別に承諾を得ることは、時間的にも費用的にも多大なコストがかかり、事実上困難です。

また、一部の相手方になんらかの理由で変更を拒否された場合には、定型約款を利用する目的である契約内容の画一性を維持することができなくなるという問題も生じます。

そこで、新法では、定型約款準備者が顧客の同意を得ることなく、一方的に契約の内容を変更する「定型約款の変更」の制度を設けました（新法548条の4）。

定型約款の変更の要件

(1) 新法で変わったこと

新法では、①定型約款の変更が相手方の一般の利益に適合するとき、②変更が契約の目的に反せず、かつ変更にかかわる事情に照らして合理的なものであるとき、という２つの要件を定めています（新法548条の4）。

(2) 定型約款の変更が相手方の一般の利益に適合するとき

ア 契約内容変更と相手方の承認が必要

この要件をみると、相手方の利益になるのであれば、わざわざ相手方の承諾を得る必要はなく、当然に契約内容を変更すればいいと考えられる方もいるかもしれません。しかし、民法の一般原則に従うと、相手方の一般の利益となる場合でも、契約の変更には相手方の承諾を必要としますので、新法548条の4により、定型約款の変更をすることになります。

イ Qの事例はどう判断したらよいか

この事例でも、スーパーマーケットのポイントカードのポイント還元率を上げることは、顧客にとって利益となることから、「定型約款の変更が、相手方の一般の利益に適合するとき」に当たり、定型約款を変更することができます。

(3) 変更が契約の目的に反せず、変更にかかる事情に照らして合理的なものであるとき

それでは上記の（2）の場合と異なり、相手方に何らかの不利益をもたらす変更を行う場合はどうなるでしょう。

この場合は、定型約款の変更が①契約の目的に反しないか否か、②変更の必要性があるか、③変更後の内容が相当なものといえるか、④定型約款準備者が定型約款を一方的に変更することがありえる旨の条項があるか、⑤相手方の受ける不利益の内容や程度を考慮して合理的なもの、といえる場合に定型約款の変更をすることができます（詳細については、第2部72ページを参照）。

(4) 定型約款を変更する手続

新法では、定型約款の変更の手続きとして、①定型約款の効力発生時期、すなわち、いつから変更後の約款に従うことになるかを定め、②変更内容と効力発生時期をインターネットの利用その他の適切な方法で周知することを定めています（新法548条の4第2項）。そこで、企業や個人事業主としては、定型約款の変更内容といつから変更後の定型約款に従うことになるかをホームページで掲載するといった対応をすべきと考えられます。

（金木伸行）

ホームページ上で定型約款の変更を伝え、
周知を図る

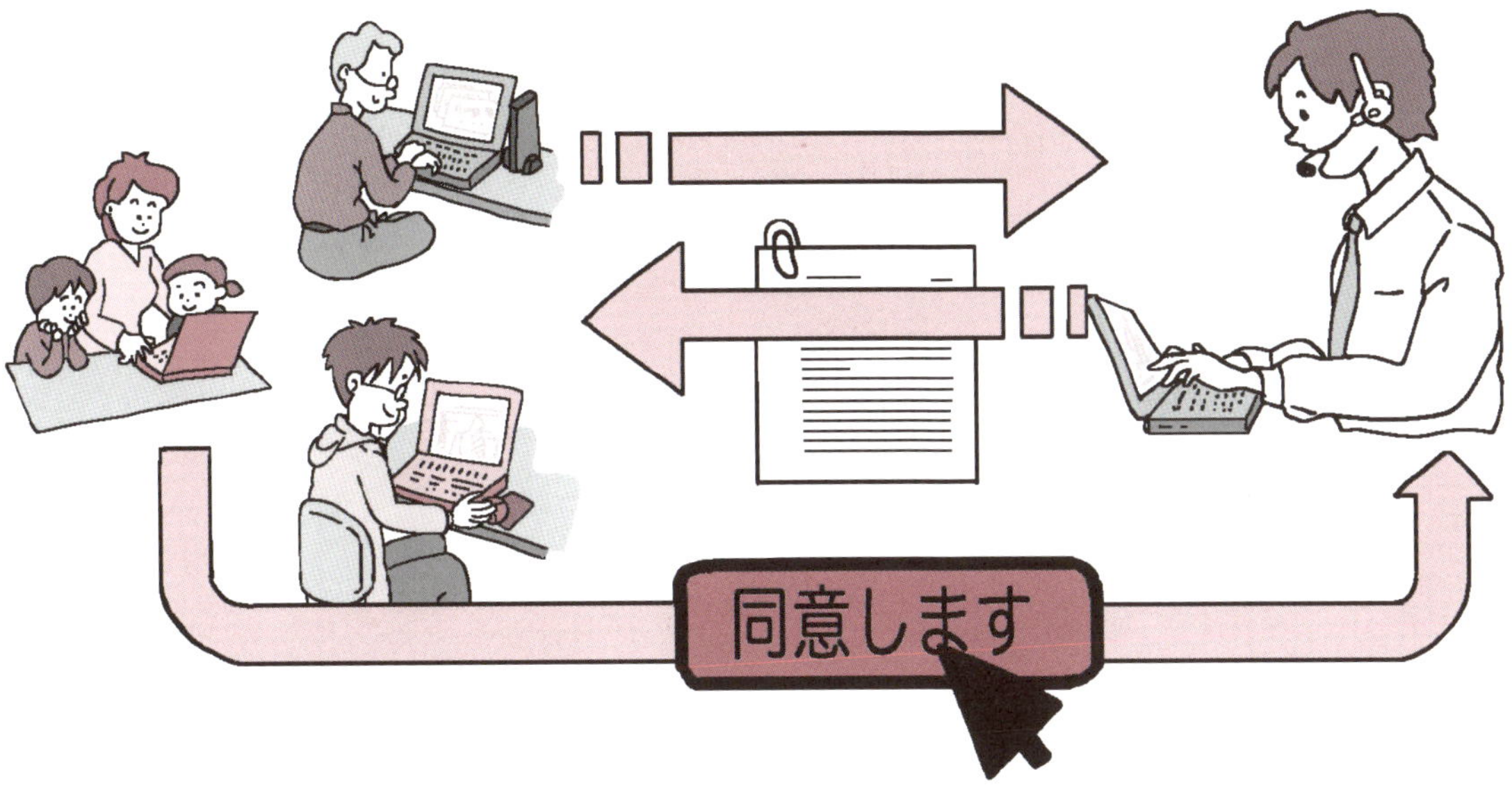

（出典）法務省民事局説明資料 P.30（一部改変）

小売・サービス業への影響

何が定型約款に当たるの?

定型約款の3要件

Q 私は小売業の本社総務部で働いています。今回の民法改正で「定型約款」に関する規定が新設されたことは理解していますが、「定型約款」とは何かが、明確にわかりません。当社にも規約のようなものはたくさんありますが、具体的にどれが「定型約款」に当たるのか教えてください。

①
民法改正があるんだよな。
総務部の吉田くん、ウチの約款はどうなっているんだ?
②
はい、当社の定型約款を洗い直す必要がありますよね。
③
いや、必要ないっすよ。
定型約款って言うけど、ウチには約款ないですから。
④
ババッ
それでも総務部の先輩か! 「約款」とついていなくとも、定型約款に当たるものもあるぞ。
⑤
てへへ…。
今一度、当社の全文書にあたるんだ。
「約款」と名のついた当社の規約を全部、洗い出してくれ。
⑥
ガタッ
承知しました!

A 規約や契約書ごとに、またその条項ごとに該当するか否かによって判断します。

❶定型約款とは

23ページで解説したとおり、新法548条の2第1項で、定型約款とは、

①ある特定の者が不特定多数の者を相手方として行う取引で

②その内容の全部または一部が画一的であることがその双方にとって合理的なものを「定型取引」と定義したうえで、この定型取引において、

③契約の内容とすることを目的としてその特定の者により準備された条項の総体

(以下「3要件」といいます)をいうと規定されています。

❷定型約款の典型例

定型約款の典型例としては、鉄道・バスの運送約款、電気・ガスの供給約款、宅配便契約における契約約款、普通預金規定、保険約款、インターネットを通じた物品売買における購入約款、インターネットサイトの利用規約、市販のコンピュータソフトウェアのライセンス規約など、事業者が大量の顧客を相手方として行う多様な取引にかかる約款等が挙げられます。

これらは、まさに特定の者が不特定多数の者を相手方として行う取引であって、その内容の全部または一部が画一的であることがその双方にとって合理的な取引であり、その取引で契約の内容とすることを目的としてその特定の者により準備された条項の総体といえます。

❸事業者間取引にかかる契約書

一般小売業やサービス業で事業者間によって行われる取引で、契約当事者の一方が準備した契約書のひな形を利用して契約が締結されることがありますが、これは、定型約款に該当するのでしょうか。

これも23ページで解説したとおり、事業者間取引については、ひな形どおりの内容で契約するかどうかは、最終的には当事者間の交渉によって決まるものです。他方当事者から他のひな形を提示され、そのいずれを採用するかも含めて交渉が行われることが考えられます。

この場合、契約当事者の双方は、取引の内容を画一化することが合理的であると考えているとはいえません。

したがって、基本的には事業者間取引にかかる契約書は定型約款には該当しません。もっとも、事業者間の契約であることだけで定型約款に該当しないとはいえません。このため他の契約等と同様に、3要件の該当性を慎重に検討することが求められる点には留意が必要です。

❹契約書上に金額や期間などについて空欄の部分があり、当事者ごとに個別に数値を入れることが想定される場合

約款や契約書のひな形には、対価である金額や契約期間等の契約条項の一部分のみを空欄としておいて、契約の相手方ごとに個別に記載を補充することが予定されているものがあります。しかし、このように契約の相手方ごとに記載が補充されることが予定されている契約条項は、基本的には「その特定の者により準備された条項」には当たらないと考えられ、その取引が定型取引に該当するため、その他の条項が定型約款に該当するとしても、その記載が補充された契約条項は、定型約款には含まれないことになります。

❺3要件に該当するか検討

以上のとおり、規約や契約書等が定型約款に該当するか否かは、規約や契約書等ごとに、またその中の条項ごとに、個別に3要件に該当するか否かを検討して、判断する必要があります。(山本浩平)

建築・不動産業界への影響①

民法改正が不動産賃貸借契約に与える影響は？

賃貸借契約書改訂の必要性

Q 当社は、不動産仲介業を営む会社です。お客様と契約を締結する際には、定型の賃貸借契約書を使用しているのですが、現在の書式は改正後の民法に対応する内容となっていません。今回の民法改正で不動産の賃貸借契約に関係する規定も改正があると聞き、不安です。具体的な改正点や、それを前提とした賃貸借契約書の改訂のポイントを教えてください。

①
契約書は、民法改正後もそのまま使えますね！
②
弁護士《べんごし》
今までと同じ契約書では、問題が生じるかもしれませんよ。
③
どこを修正する必要があるんですか？
④
賃料減額請求権や、連帯保証人に関する規定のように、新ルールに対応する規定が必要です。
⑤
改正で新しく設けられたルールがあるんですか⁉
⑥
不要な紛争が生じないよう、契約書作りは慎重の上にも慎重に！

A 賃貸借契約については、敷金や原状回復に関するルールが明文化されました。その他にも、連帯保証に関するルールが改正されており、これらの改正を踏まえた条項とする必要があります

❶敷金や原状回復に関するルールの明確化

不動産賃貸借では、賃借人から賃貸人に敷金が支払われることが一般的ですが、敷金の返還等については、旧法には規定がありませんでした。また、旧法には、契約終了後の原状回復の範囲に関する規定もありませんでした。そのため、これらの事項を巡る紛争は少なくなく、この点に関する判例が長年積み重ねられてきました。

新法は、トラブルが発生した際の解決指針とするため、これまでの判例の内容を明文化する形で、敷金や原状回復の範囲に関するルールを規定しました（新法622条の2、621条）。

これらの改正点については、すでに一般的となっていた事項の追認という要素が強いため、特段の改訂は不要な場合が多いのではないかと思われます。

❷賃借不動産の一部滅失等による賃料減額請求権に関する改正

旧法では、賃貸不動産の一部が滅失（自然災害や倒壊、焼失などで物理的な建物の効用が失われること）により使用できなくなった場合、賃借人は賃貸人に対して、賃料の減額を請求できるとされていました。

これに対して、新法６１１条は、「滅失その他の事由」により使用できなくなった場合に、賃料が当然に減額されると規定しています。

この改正により、賃料減額を求める機会が拡大したうえ、賃借人から請求をせずとも、当然に賃料減額が認められることになり、賃貸人と賃借人との間で賃料減額の可否や金額が争いになる場合が増加することが予想されます。

そのため、そのような紛争を防止するためにも、賃貸借契約では、賃料減額が認められる場合や、減額される割合等をあらかじめ定めておくことが有効と考えられます。

❸連帯保証人に関する改正

旧法では、貸金に関する根保証のみ極度額（保証人が負担することとなる最大の額）を定めなければ無効とされていましたが、それ以外の根保証については定めがありませんでした。

これに対して新法４６５条の２は、すべての根保証が極度額の定めがなければ無効と規定しました。

そのため、賃貸借契約の保証人についても、極度額の設定が必要となります。

また、新法では、事業上の債務について保証や根保証を委託する場合には、借主から保証人に対して借主の財産および収支の状況等の情報を提供することが義務づけられました。そして、これらの情報が提供されなかったり、提供された情報が虚偽だったりした場合、貸主が借主による保証人に対する情報提供に問題があることを知り、または知ることができたときには、保証人は保証契約を取り消すことができることとなりました。

そのため、賃貸借契約が事業を行うことを目的とするものであった場合には、賃貸借契約書に、上記のような情報提供が確実に行われていることが確保できるような条項を設ける必要があります。

（祐川友磨）

店舗を借りるので、保証人になってほしいんです。
君の財産や会社の収支状況を詳しく教えてほしいね。改正民法でも明記されているよ。

不動産売買の際の注意点は？

不動産の売買契約に影響のある改正点

Q 当社は不動産販売業を営んでいます。今回の民法改正に対応して不動産取引に関連する規定を見直したつもりですが、これで十分か不安です。不動産売買に関する民法改正について、その全体像をわかりやすく、教えてください。

A 売買契約に関する規定としては瑕疵担保責任（※1）や危険負担に関する変更があります。また、原始的不能の場合の損害賠償請求の新設が関連します。その他、意思表示に関する見直しや、解除に関する見直し等、契約行為に関連する一般的な規定の改正も関連するものといえます。

❶売主の瑕疵担保責任に関する見直し

旧法では、契約の目的物に瑕疵がある場合には、売主が瑕疵担保責任を負うこととされていました。瑕疵とは、造成不動産や設備の故障など取引の対象となる土地・建物に何かの欠陥があることですが、この「瑕疵」という用語については、一般市民にとって意味が不明瞭だと批判されていました。

そのため、新法では、上記の「瑕疵」という用語は使用されず、「契約の内容に適合しないもの」という用語が使用されるようになりました。

また、責任追及の手段は、旧法では、①追完請求、②損害賠償請求、③契約の解除の3種類でしたが、新法では、④代金減額請求が追加され、買主が採りうる手段の選択肢が広がりました。

さらに、上記の責任追及が可能な期間については、旧法では、買主が瑕疵を知ってから1年以内に権利行使、つまり、実際に具体的な請求をすることまで必要とされていましたが、これでは買主の負担が重すぎるとして、新法では、買主が目的物が契約に適合しないことを知ってから1年以内にその旨を売主に通知することで足りることとなりました。

瑕疵担保責任に関する見直しに関しては、詳しくは、第2部94ページをご参照ください。

❷危険負担に関する見直し

不動産売買は原則として特定物（※2）の売買となりますが、旧法では、特定物売買で契約締結後に売買の目的物が契約当事者双方が責任を負わない事由によって滅失したときには、買主の代金支払債務は消滅しないものとされていました。たとえば、地震やもらい火などによって契約をしたあと、建物が崩壊、あるいは焼けてしまった場合などがこれに当たります。

しかし、そのような考え方を前提とすると、建物の売買契約締結直後に地震等の理由から建物が滅失した場合にも買主が代金を支払う義務を負うことになり、そのような結論は買主に過大なリスクを負わせるもので不当であるとの批

この欠陥住宅は、雨漏り分の代金を返してほしいわ

判がありました。

そこで新法では、この点が見直され、536条で特定物や不特定物といった区別をすることなく、両当事者の責めに帰すことができない事由によって売買契約の目的物が滅失した場合には、買主は代金の支払いを拒むことができる旨規定されるようになりました。

危険負担に関する見直しに関しては、詳しくは、第2部92ページをご参照ください。

③原始的不能の場合の損害賠償請求の新設

旧法では、原始的不能（※3）の場合には、契約は無効であって、債務不履行となる余地はないため、債務不履行に基づく損害賠償請求はできないと考えられていました。

しかし、たとえば債務者が火災の原因を発生させている場合（たとえば、債務者の火の不始末で火災が起きた場合など）、履行不能がたまたま契約の成立前というだけで、債務不履行に基づく損害賠償を請求できないのは不当です。

そのため新法では、412条の2第2項で原始的不能の場合であっても、損害賠償請求が可能であると明示されることとなりました。

詳しくは第2部92ページをご参照ください。

④意思表示に関する見直し

旧法には意思能力に関する規定がありませんが、新法は規定を新設しました。これにより、意思能力を持たない者の行為が無効であることが明記されることとなりました。

また、旧法では、不明瞭であった錯誤無効の要件が、新法で明確化され、動機の錯誤の要件についても明示されることとなりました。

用語解説

※1　**瑕疵担保責任**：瑕疵担保責任は、購入した不動産（目的物）に隠れた不具合（瑕疵）があった場合、売主が買主に対して負う責任のこと。

※2　**特定物**：その物の個性に着目した取引の目的物のこと。たとえば、不動産や中古自動車

※3　**原始的不能**：債権が成立する前、あるいは債権が確定する以前に、債務履行が不可能になっている状態。たとえば売買することになっている家屋が契約直前に焼失したような場合です。

詳しくは第2部76ページをご参照ください。

⑤解除に関する見直し

旧法では、債務者に帰責事由（落ち度）がない場合には、解除（契約によって背負った債務・義務を履行しなくてよいこと）が認められないと定めています。この点については、当事者双方に帰責性がない場合にも当事者を契約に拘束させ続けることは不当との批判があったため、新法は541条、542条で債務不履行による解除一般について、債務者の責めに帰することができない事由によるものであっても解除を可能としました。

（祐川友磨）

例の不動産契約書、見ていただけましたか？
今、細かい契約条項をチェックしているところです。

建築業に関する改正点はどんなこと？

請負報酬や瑕疵担保責任に関する見直しなど多数

Q 当社は建物の建築を業とする会社です。多数のお客様を注文主として仕事を請け負い事業が成り立っています。それだけに今回の民法改正が、お客様との契約に与える影響が気になります。そこで、民法改正では特に注文主と請負との関係で建築に関連する規定はどのように変わったのでしょうか。具体的にはどのようなものがあるかを教えてください。

A 建築業と関連する請負契約に関する規定としては、請負報酬に関する変更や、請負人の瑕疵担保責任に関する変更が存在します。その他、保証に関する見直しや、時効に関する見直し等、法律行為に関連する一般的な規定の改正も行われました。

❶ 請負報酬に関する見直し

請負契約では、請負人は「仕事の完成」に対して報酬を受け取る権限を有します。そのため、旧法には、仕事を完成させていない段階における報酬の取り扱いに関する規定はありませんでした。

しかし、現実には、仕事の完成前になんらかの理由で工事が中断され、そのままとなってしまうことがあります。旧法下では、このような事態に対しては、次のような判例がありました。それは、仕事が可分であり、かつ、注文者が既履行部分の給付に利益を有するときは、注文者は既履行部分については契約を解除することができるというもので、この判例に基づき多くの事案が処理されてきました。

新法では、上記の判例の見解を採用し、注文主が受ける利益の割合に応じて、仕事が未完成でも報酬を請求できることについて明文化した規定を設けました。

請負報酬に関する見直しの詳細につきましては、第2部86ページをご参照ください。

❷ 請負人の瑕疵担保責任に関する見直し

旧法では、完成した仕事の目的物に「瑕疵」（30ページ参照）がある場合には、請負契約特有の瑕疵担保責任規定が適用され、①修補請求、②損害賠償請求、③契約解除という3つの責任追及の手段が用意されていました。

これに対して、新法は、上記の瑕疵担保責任を、「仕事の目的物の種類・品質に関する契約不適合」

仕事が未完成で
契約が打ち切られた時、
その一部でも
請求できるのはありがたい。

であるとして、一種の債務不履行責任として整理しました。その結果、請負契約における契約不適合責任に関する規定が売買契約における契約不適合責任規定に一元化され、取りうる手段は上記①から③に加えて、④報酬減額請求権が追加されました。

新法が「瑕疵」を「仕事の目的物の種類・品質に関する契約不適合」であると言い換えたことは、旧法下でも、瑕疵を契約不適合と捉える説が通説だったことを踏まえれば、従前からの議論を明文化しただけのようにも思えますが、このような明文化により、請負契約においては過不足のない仕事の目的物の設定が重要であることを改めて確認する意義を有するものと思われます。

請負人の瑕疵担保責任の見直しに関しては、詳しくは、第2部94ページをご参照ください。

我々の業界の場合、短期消滅時効は3年だったよね。
違います。民法改正で他の業種を含めて統一されたんですよ。

❸保証に関する見直し

注文者が請負人との間で事業に利用することを目的とする建物建築に関する請負契約を締結した場合、保証人の保護に関する改正の影響が生じる可能性があります。

旧法では、個人保証に対する保護は、「金銭の貸渡しまたは手形の割引を受けることによって負担する債務」（貸金等債務）に関する根保証の場合にのみ限定されていました。

これに対して新法では個人保証人の保護の範囲が拡大し、主債務者の保証人に対する情報提供義務（財産および収支の状況等を提供する必要があります）や、公正証書による保証意思の表示（保証契約締結の1ヵ月以内に公正証書により保証債務を履行する意思を表示することが必要）、主たる債務の履行状況に関する情報提供義務、主債務の期限の利益喪失についての債権者の情報提供義務に関する規定が設けられました。

保証に関する見直しに関しては、詳しくは、第2部56ページをご参照ください。

❹時効に関する見直し

旧法では、職業別の短期消滅時効が設定されており、工事の施工を業とする者の工事に関する債権は3年で時効消滅するとされていました。

しかし、短期消滅時効の多くは、現代では合理性の説明が困難なものが多いことから、新法では廃止され、債権は一律、債権者が権利を行使することができることを知った時から5年、権利を行使することができる時から10年間行使しないときには時効消滅することとされました。

時効に関する見直しに関しては、詳しくは第2部46ページをご参照ください。

（祐川友磨）

IT・製造業界への影響①

途中まで製造した分の報酬は払ってもらえるの?

報酬請求権の明文化

Q 当社は、機械製造のメーカーです。ユーザー(注文者)との間で、3,000万円で組立機1台を製造する請負契約を結びました。ところが、3分の1を製造した段階で地震により工場が壊れ、組立機をこれ以上製造できなくなりました。ユーザーとの契約は解除となり、当社は3分の1まで完成していた組立機を引き渡しました。ユーザーは他メーカーに頼み、完成させたようです。しかし、ユーザーからは、当社が組立機を完成させていない以上、報酬は支払えないと主張され、困っています。

①
ぐら
ぐら
わあ! すごい地震だあ!
②
よし、おさまったな。工場の被災状況を確認せねば!
③
在庫部品が破壊されていて生産継続が厳しいです。まだ3分の1しかできてないのに。
④
それは困る! う~ん、3分の1完成の状態でいい、事情を話して先方に納品してくれ。
⑤
そんなこと、できないですよ!
⑥
民法改正があったから大丈夫なんだ。
3分の1完成までの代金1千万円の請求書を書くよ。

A 組立機を完成させていなくても、組立機械完成品の報酬3000万円の3分の1に当たる1000万円を報酬として払ってもらうことができます。

❶改正前はどう定められていたか

IT・製造業では、注文者と受注者との間で、「請負契約」を締結することがあります。

請負契約とは、受注者（請負人）が仕事を完成することを約束し、注文者がこれに対して報酬を支払うことを内容とする契約です（旧法632条）。このように請負契約では、受注者（請負人）が仕事を完成する義務があることから、受注者（請負人）は完成品を納品しない限り、原則として報酬をもらうことができないと定められています（旧法633条）。

しかし、契約が途中で解除される等した場合については、民法上に特にルールが設けてられていませんでした。そのため、Qのように、一部だけ完成した品物を納品した場合には、メーカー（請負人）が仕事を完成させていない以上、注文者に対し、報酬を請求できるのかどうかについて、紛争になることがありました。

❷注文者の受ける利益割合に応じ報酬を請求可能に

新法では、①仕事を完成することができなくなった場合、②請負が仕事の完成前に解除された場合のいずれかの場合において、中途の結果のうち可分な部分の給付によって注文者が利益を受けるときは、受注者（請負人）は、注文者の受ける利益の割合に応じて、報酬を請求することが可能であることが明文化されました（新法634条）。

ただし、仕事を完成することができなかったことについて、注文者に帰責事由（法的に責任を負う理由）がある場合には、受注者（請負人）は報酬の全額を請求することができます（新法536条2項）。

Qの場合について見ると、組立機の製造工程が可分と考えられる場合には、注文者は、3分の1まで製造された機械を受領していますので、1000万円の利益を受けていることになります。

そのためメーカー（受注者）は注文者に対して、1000万円の報酬を請求することができます。

（江藤寿美怜）

突然、途中で契約解除と言われても、これからは安心して仕事ができる

ソフト開発でどんな請求方法が可能になったの？

広がるシステム開発の請求方法

Q 当社は、ユーザー（注文者）からの依頼を受けて、システム開発の立案・開発・導入支援を行う、いわゆるベンダーです。仕事柄、時として納品したシステムにバグ（不備）が出て修正作業に追われることがあります。さらに契約解除となるケースもあります。開発費用の回収時期や金額設定にも悩まされています。民法改正により、ベンダー（請負人）である当社とユーザー（注文者）のそれぞれに、どのような影響があるのか、教えてください。

A ベンダー（請負人）は、作業途中で契約が解除となっても報酬請求ができることが明文化されたほか、完成報酬型の準委任契約という契約を締結することが可能になりました。

ユーザー（注文者）は、納品されたシステムに不備があった場合には、不備に応じた代金の減額請求ができるようになりました。さらに、システムが納品されてから5年以内であれば、納品されたシステムの種類または品質に関して契約の内容に適合しなかったことを知った時から1年間は、無償で修補や損害賠償請求等を求めることができることとなり、ベンダー（請負人）に責任追及できる期間が長くなりました。

❶受注者（請負人）への影響

（1）作業途中での契約解除も報酬請求を明文化

前述35ページのとおり、システム開発についての請負契約が、システムの作成途中で解除されたとしても、ユーザー（注文者）にとって価値があるシステムである場合には、ベンダー（請負人）はユーザー（注文者）に対し、作成した割合に応じて報酬が請求できるこ

途中で契約解除になった場合の請求額

（注文者にとって価値あるシステムであることが前提）

開発システム総額		契約解除時点の完成度合い		請負人が請求できる金額
5,000万円	×	70%（0.7）	＝	3,500万円

ととなりました（新法634条）。

そのため、たとえば、ベンダー（請負人）が、5000万円のシステム開発に着手し、70%まで作成した時点で、ユーザー（注文者）が契約を解除して、違う業者に対し、途中まで完成したシステムを利用して、システムを完成することを依頼した場合では、ベンダー（請負人）はユーザー（注文者）に対し3500万円（5000万円×70%）の報酬を請求することができます。

(2) 完成報酬型の準委任契約が締結可能

システム開発にかかる契約では、ユーザーがベンダーに対し、要件定義書の作成支援やシステムの導入支援を依頼する場合には、請負契約ではなく、一定の作業を行うことを委託する準委任契約（一般的には「業務委託契約」ということもあります）を締結することがあります（旧法656条、641条）。

準委任契約では、ベンダー（受任者）は仕事の完成義務を負いませんので、たとえばベンダー（受任者）が予定どおりにシステムの導入支援を行うことができなくても、ベンダー（受任者）は契約に報酬の定めがある場合には、ユーザー（委任者）に対し、報酬を請求することができました（旧法648条1項）。

しかし、新法では、準委任契約でも、受任者が仕事を完成して初めて、報酬が請求できるタイプの準委任契約が導入されました（新法648条の2）。

完成報酬型の準委任契約では、ベンダー（受任者）が注文者（委任者）に対し報酬を請求するための条件として、ベンダー（受任者）による仕事の完成が必要な点では、請負契約とよく似ています。

しかし、成果完成型の準委任契約では、ベンダー（受任者）に「仕事の完成」が義務づけられるわけではないので、ベンダー（受任者）はあくまで、受任した業務が成功するように、善管注意義務を果たして契約上の業務を履行すればよく、結果として成功しなかったとしても、債務不履行責任を負わない点が、請負契約とは異なります。

このように、民法の改正により、ベンダーは、ユーザーとの間で、システム開発にかかる契約をどのような形式で締結するかが協議の対象となった場合に、完成報酬型の準委任契約を選択することで、ユーザーには、完成したシステムを受領するまで代金の支払いを猶予できるという安心感を与える一方で、ベンダーは仕事完成義務までは負わないという、いわば両者の妥協点となる契約を締結することができるようになりました。

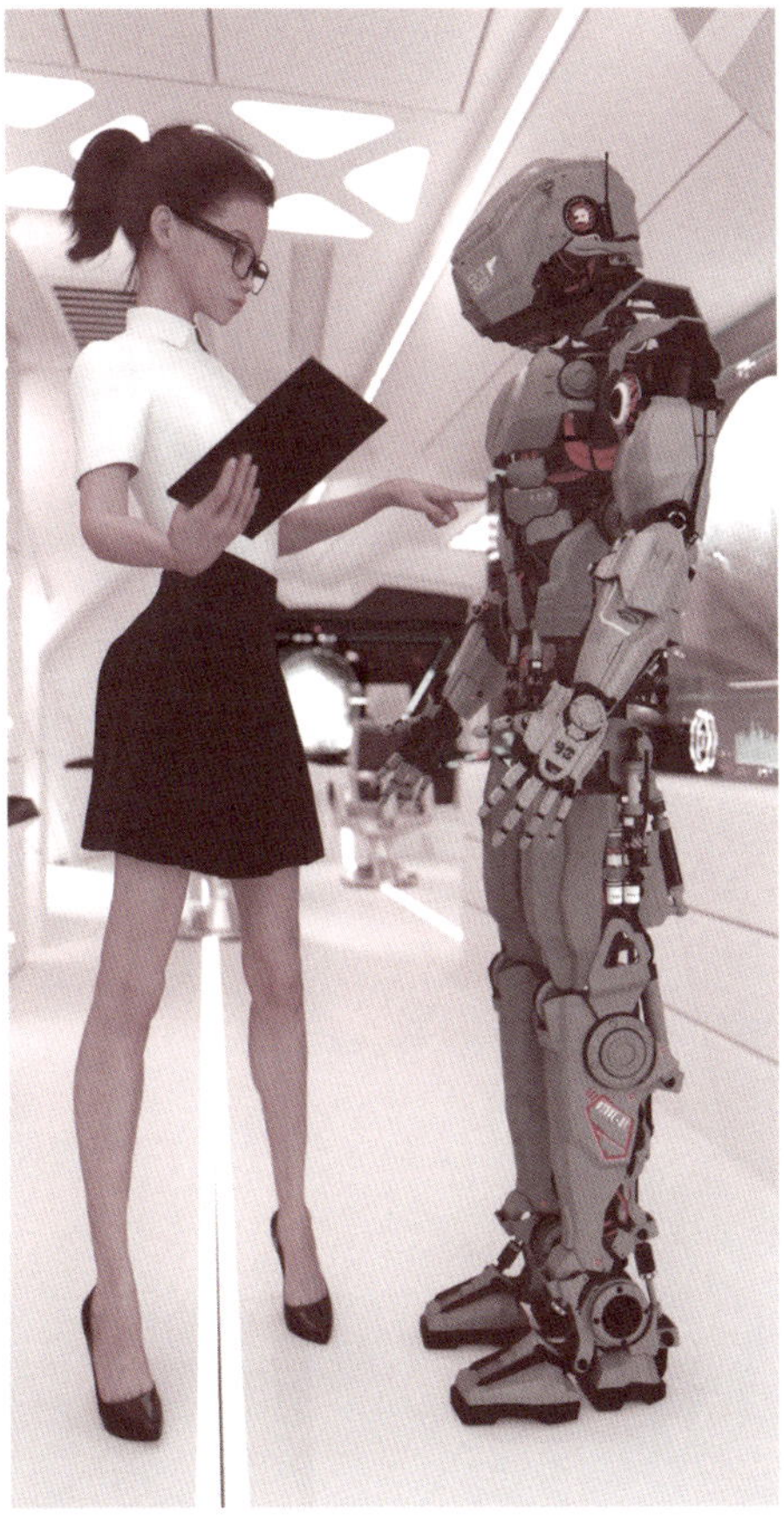
そうです。我々はプロとしての最善を尽くしましょう

準委任契約なら、仕事が完成しなくても債務不履行責任をとらなくてすむわね

用語解説

準委任契約：準委任契約は一定のスキルと知識を持った者が、決められた時間働くことを約束するもの。実際のシステム開発の現場では、請負契約と準委任契約が工程で使い分けられるケースもあります。

❷注文者への影響

(1) 代金の減額請求が可能に

注文者と受注者（請負人）が請負契約を締結している場合、完成品が種類または品質に関して契約内容に適合しなかった場合、旧法では①修補請求、②損害賠償請求、③契約の解除、ができるだけでした（旧法634条1項、2項、415条）。

しかし、新法では、①修補請求、②損害賠償請求、③契約の解除に加えて、④代金の減額請求もできるようになりました（新法636条）。

そのため、たとえば、これまではベンダー（請負人）に不備があり、納品されたシステムに不十分な点があった場合、ユーザー（注文者）として対応できるのは、修補を求めるか、契約を解除して損害賠償請求するということでした。

しかし今回の改正により、ユーザー（注文者）は、納品されたシステムの一部にベンダー（請負人）の責任による不備が発見された場合には、契約によって支払う予定となっていた金額を減額する請求を、ベンダー（請負人）に対して行うこともできることになりまし

決定的なバグを発見した。
大幅な修正が必要だ！
注文者

契約内容に適合しなかった場合
代金の減額請求が可能になる

図1●目的物に欠陥がある場合の担保責任の内容

	売買		請負	
	改正前	改正後	改正前	改正後
修理・代替物等の請求	×	○	修理については、○	○
損害賠償	○	○	○	○
契約解除	○	○	○（建物等に制限あり）	○
代金減額	×	○	×	○

（出典）法務省民事局説明資料 P.62（一部改変）

た（図1）。

なお、どのような場合に「完成品が種類または品質に関して契約の内容に適合しなかった」といえるのかという、いわゆる「瑕疵担保についての見直し」に関しては、詳細を第2部94ページで説明していますので、あわせてご参照ください。

（2）ベンダーに責任追及できる期間は最長5年に

上記（1）で示した、注文者による①修補請求、②解除、③損害賠償請求、④代金減額請求の4つの権利は、行使できる期限に制限があります。

旧法では、ユーザー（注文者）がベンダー（請負人）に対し、①～③の方法による責任追及ができる期間は、ベンダー（請負人）からユーザー（注文者）に対しシステムが「引き渡された時」から1年以内でした（旧法637条）。

しかし、新法では、ユーザー（注文者）が、納品されたシステムの種類または品質に関して契約の内容に適合しなかったことを「知った時」から1年以内という形に変わりました。責任追及ができる期間が延び、ユーザー（注文者）側に有利な改正がされました（新法637条1項）。

もっとも、ベンダー（請負人）からみると、ユーザー（注文者）が「知った時」というあいまいな基準に基づき、いつまでも責任追及されるリスクを抱えるのは不安です。

そのため、「知った時から1年以内」という条件に加え、ユーザー（注文者）がベンダー（請負人）に対して責任追及ができる期間は、「引渡しから最大5年以内」という上限が設けられました（新法166条1項）。

その結果、ユーザー（注文者）は、システムが納品されてから5年以内であれば、納品されたシステムの種類または品質に関して契約の内容に適合しなかったことを知った時から1年間は、無償で修補や損害賠償請求等を求めることができます。ただし、たとえ納品されたシステムの種類または品質に関して契約の内容に適合しなかったことを知ったときから1年以内であっても、システムが納品されたときから5年が経過しているケースでは、ベンダー（請負人）に対し、責任を追及することはできません。

（江藤寿美怜）

開発したソフトに問題があった場合は何年ぐらい保証してくれるの？
民法改正後は、最大5年になりました。

金融業界への影響①

保証人に対して提供しなければならない情報が明文化されたの？

3つの場面で保証人に対して情報を提供することを義務化

Q Aさんが銀行から借り入れた1,000万円について、友人のBさんが連帯保証人になりました。それから7年後、Bさんは、いきなり銀行から借入れの残元金と遅延損害金全額を支払えという請求を受けました。銀行が言うには、それより2年も前にAさんは期限の利益を喪失しており、遅延損害金が積み重なっているとのことです。Aさんの状況を知らなかったBさんは、連帯保証人として全額を支払わなければいけないのでしょうか。

A 新法において、銀行は「主債務者たるAさんが期限の利益を喪失した時から2ヵ月以内に、その旨を連帯保証人たるBさんに通知しなければならない」とされています。つまり、仮にBさんに対して、銀行が期限の利益を喪失した旨を通知しなかった場合は、Bさんに対して、Aさんが期限の利益を喪失した時からBさんに対して実際に通知をするまでに生じた遅延損害金にかかる保証債務の履行を請求することはできません（図1参照）。ただし、期限の利益を喪失しなかったとしても生ずべきものを除きます。

本事例の場合、銀行からBさんに対して、Aさんが期限の利益を喪失した旨の通知がなされていないので、通知が来るまでの2年間に生じた遅延損害金の一部については、支払いを拒絶することができます。

保証人への通知を忘れずに!

新法では、①保証契約を締結する時（新法465条の10）、②主債務の履行が継続している状況下で保証人から請求した時（新法458条の2）、③主債務者が期限の利益を喪失した時（新法458条の3）、の3つの場面で、主債務者または債権者は保証人に対して一定の情報を提供する必要があるとされています。このうち、本事例に関係するのは③の場面です。

具体的には、保証人が個人であり、かつ、主債務者が期限の利益を喪失した場合、債権者は、期限の利益を喪失したことを知った時から2ヵ月以内に、保証人に対して主債務者が期限の利益を喪失した旨の情報を提供しなければならないと規定しています（新法458条の3第1項）。

債権者が2ヵ月という期限内に保証人に対して情報提供をしなかった場合、債権者は、主債務者が期限の利益を喪失した時から債権者が現に情報提供をするまでの間に生じた遅延損害金（前述したとおり、期限の利益を喪失しなかったとしても生ずべきものは除きます）にかかる保証債務を履行することはできません（新法458条の3第2項）。

現在の金融実務においても、主債務者が期限の利益を喪失した場合には、保証人に対してその旨連絡し、保証債務の履行を請求するのが一般的な対応だと思います。ただ今回の改正により、それが明文化されたわけですから、今後は事例のようなケースが生じないよう保証人への通知を忘れずに行う必要があります。

なお、新法では、保証人保護の観点から保証に関する規制が新設されており、その影響は金融実務に及ぶものと考えられます。詳細については、第2部56～63ページで詳しく解説しますので、あわせて参照してください。（西中宇紘）

●図1

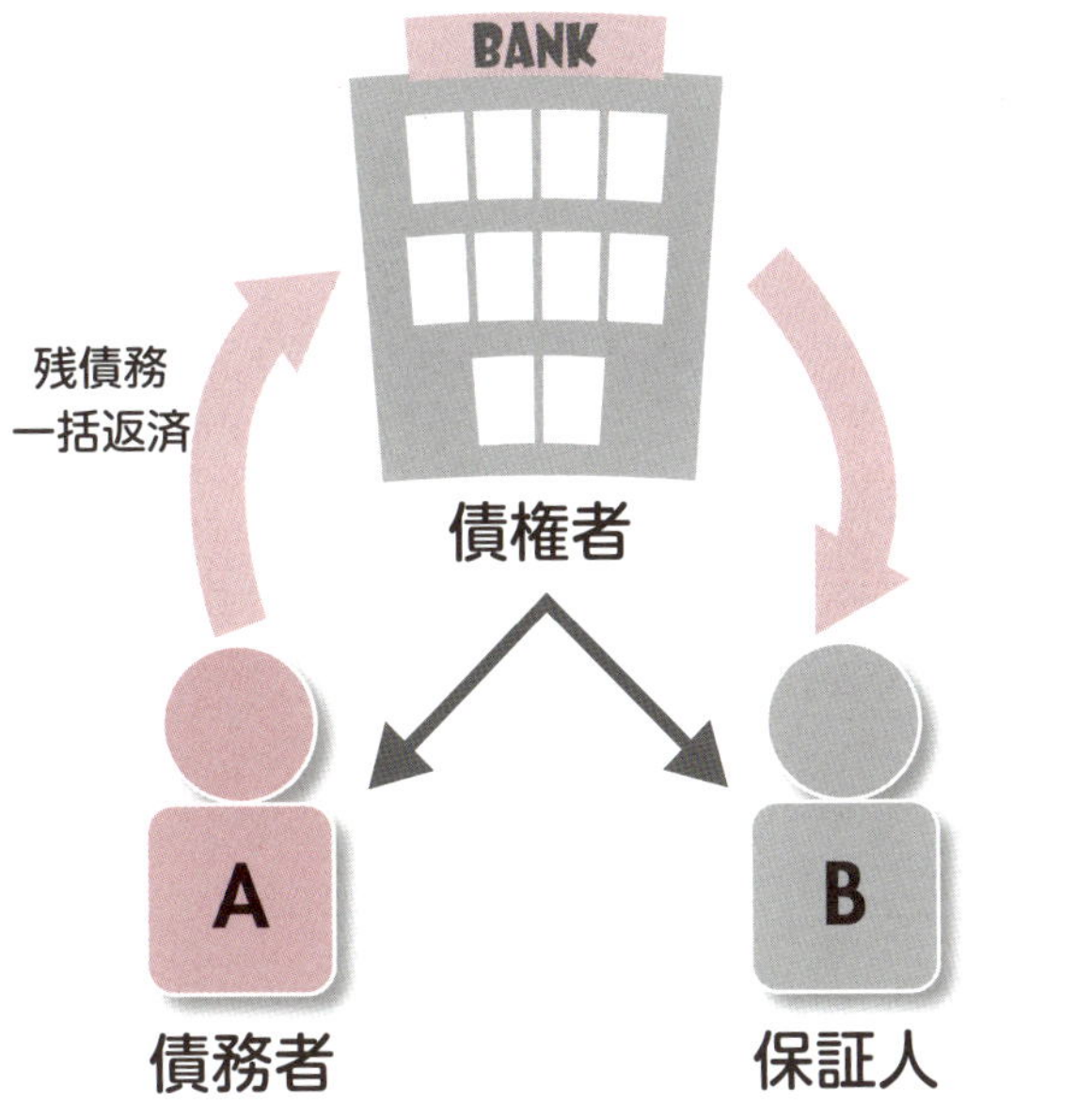

情報提供義務

- 2ヵ月以内に、主債務者が期限の利益を喪失した旨を通知しなければならない。
- 通知しない場合、期限の利益の喪失から通知までに生じた遅延損害金の増加分を保証人に請求できない。

用語解説

期限の利益： 期限が到来するまでの間に当事者が受ける利益のこと。具体的には、お金を借りた債務者としては「期限まで返済しなくてもよい」という利益をいい、お金を貸した債権者としては「期限まで利息の支払いを受けられる」という利益をいいます。

期限の利益の喪失： 一定の事由が生じた場合に、債務者が期限の利益を主張することができなくなること。期限の利益を喪失すると、債務者は債務全額を返済しなければならないことになります。

金融業界への影響②

死亡した債務者の債務を相続人の息子だけに承継させたいのだが？

債務引受の明文化と活用範囲の拡大

Q 銀行が債務者Aさんに対して900万円を貸していたところ、Aさんが亡くなり、妻のBさんと息子のCさんが相続しました。銀行としては、債務者が増えると債権管理が大変になるので、高齢なBさんではなくCさん1人に債務を承継してもらいたいと考えています。どのような手続きを取ればよいでしょうか。

A Aさんが死亡し、相続が開始したことで、銀行に対する債務は、法定相続分に従って分割され、Bさんが600万円の債務を、Cさんが300万円の債務を承継することになります。これをCさん1人が900万円の債務を負担する状況にするためには、今回の改正で明文規定された免責的債務引受を行い、Cさんのみを債務者とすることが考えられます。

具体的な手続きとしては、銀行がCさんと免責的債務引受にかかる契約を締結し、Bさんにその契約をした旨を通知することで足ります。

❶債務引受について明文化

これまで判例と学説で認められてきた債務引受のルールが、新法において明文化されました。金融実務において、債務引受は、①相続債務を相続人の1人が引き受ける場合、②法人成りに際して法人が個人債務を引き受ける場合、③事業譲渡に際して事業譲渡人の債務を譲受人が引き受ける場合、④業態悪化先の債務を利害関係のある第三者が引き受ける場合、⑤抵当不動産の第三取得者が被担保債務を引き受ける場合などによく利用されていましたが、条文上の根拠がなかったため理解しにくい面がありました。

今回の改正により、債務引受について明文化されるとともに、ルール内容についても若干の変更が加えられたことから、活用の幅が広がるものと考えられます。

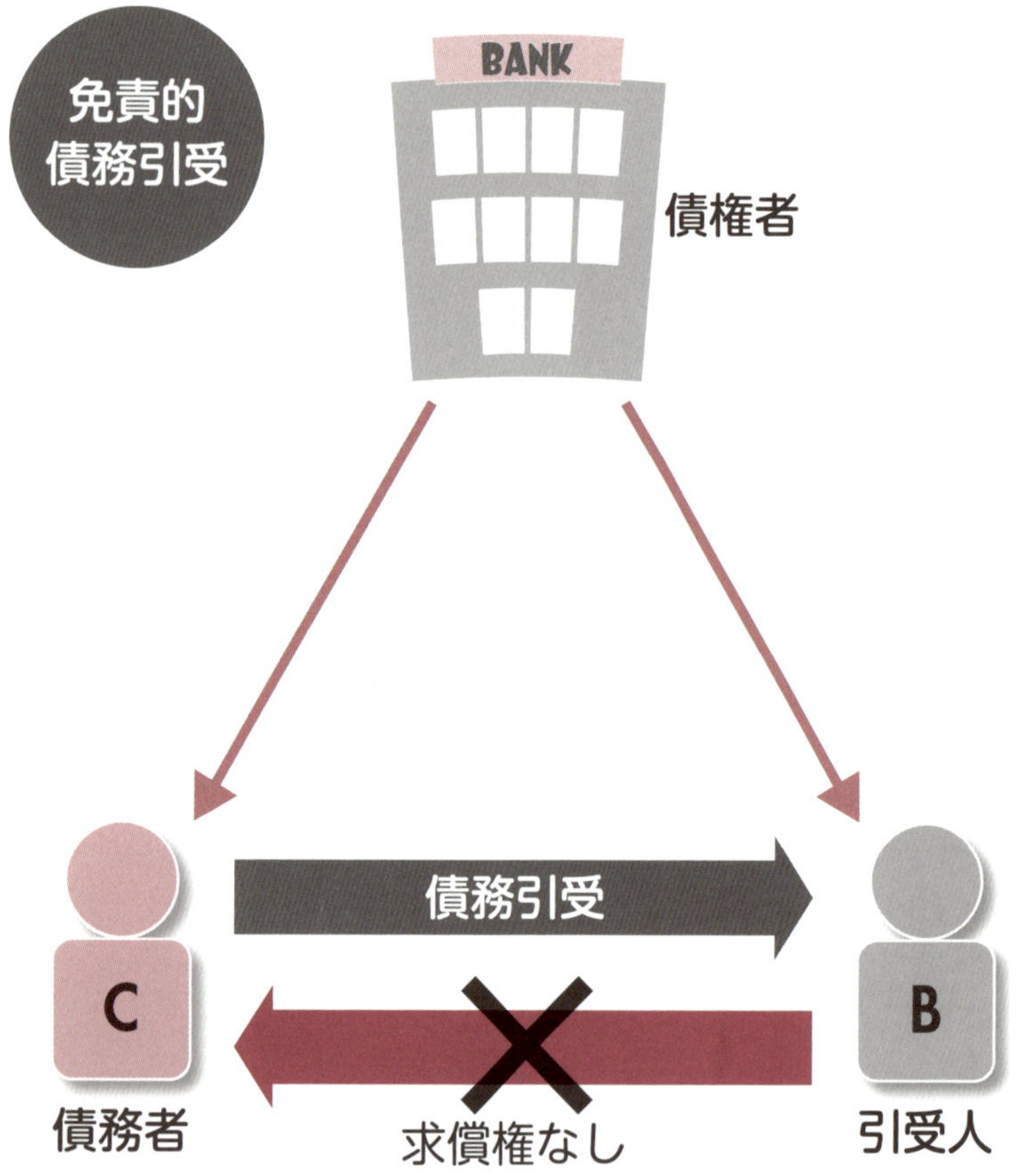

①免責的債務引受

新法では、債権者と引受人とが契約する場合、債権者が債務者に対して通知することによって免責的債務引受が成立します。つまり、これまでの判例の立場と異なり、債務者の意思に反しないことは必要とされなくなりました（新法472条2項）。

また、現行民法下の一般的な理解に従い、債務者と引受人とが契約し、債権者が承諾する場合にも免責的債務引受は成立するとされています（新法472条3項）。この場合、免責的債務引受の効力が発生するのは、債権者の承諾があったときで、その効力は、引受人と債務者との合意時に遡りません。

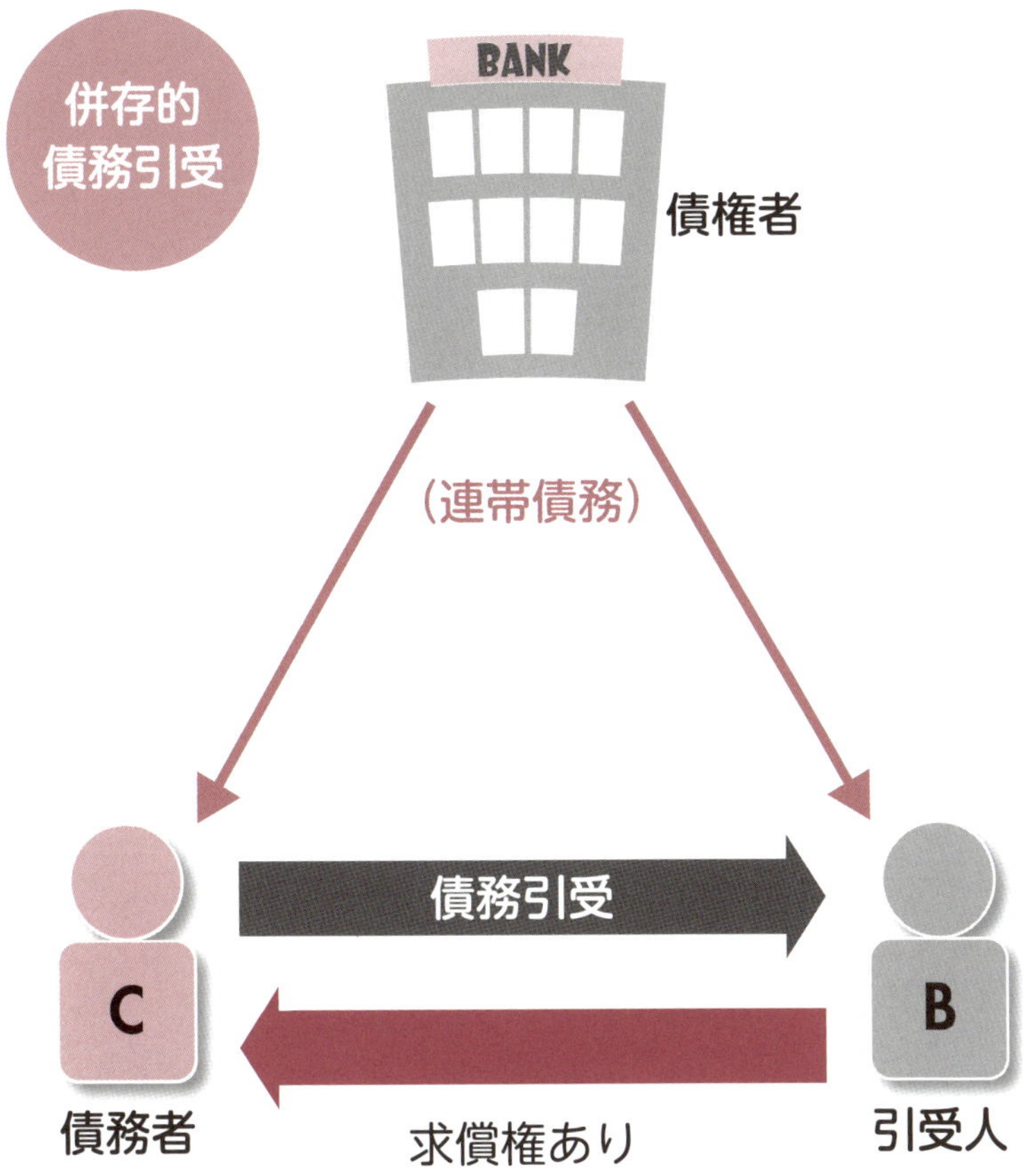

②併存的債務引受

新法では、併存的債務引受の概念を、現行法下の一般的な理解に従い明文化しています。具体的には、①債権者と引受人との契約による場合（新法470条2項）と、②引受人と債務者とが契約し、債権者が引受人に対して承諾する場合（新法470条3項）に、併存的債務引受が成立すると定めています。

なお、併存的債務引受の効果については、これまでの判例に従い、債務者と引受人の債務が連帯債務になるとしています（新法470条1項）。

❷それぞれの活用範囲を拡大

①免責的債務引受

上述のとおり、免責的債務引受は、債務者の死亡により相続が発生し、債権者たる金融機関の要請により特定の相続人に債務を承継させる場面においても利用されています。

新法では、免責的債務引受が成立するために債務者の意思に反しないことを必要としていないため（新法472条2項参照）、たとえば、他の相続人の意思を確認できない場合や同意を得られないような場合にも免責的債務引受を用いることができるようになるので、活用の幅が広がることになります。

②併存的債務引受

新法においては、連帯債務者間において免除と時効完成が相対的効力しか持たなくなります（新法441条）。

その結果、旧法下で併存的債務引受の弱点とされている債権管理の煩わしさ、たとえば、①引受人の債務の一部まで消滅してしまうために元の債務者に対して安易に免除できない、②元の債務者に対しても時効管理が必要となる等は解消されることになります。したがって、今後活用の幅が広がることが予想されます。（西中宇紘）

用語解説

債務引受：債務の同一性を保ったまま契約によって債務を引受人に移転することをいいます。債務引受によって、新たに債務者となる引受人だけでなく、元の債務者にも債務が残るものを併存的債務引受といいます。一方、元の債務者が債務を免れるものを免責的債務引受といいます。

法務省のホームページから
改正理由と内容の概要を知ろう

Q1 どうして，民法（債権関係）の一部改正が行われたのですか？

A 民法の債権関係の規定（契約等）は，明治29年（1896年）に民法が制定された後，約120年間ほとんど改正がされていませんでした。

この間，我が国の社会・経済は，取引量の増大，取引内容の複雑化・高度化，高齢化，情報伝達手段の発展など，様々な面で大きく変化していますので，取引に関する最も基本的なルールを定めている民法の規定を社会・経済の変化に対応させる必要がありました。また，民法が定める基本的なルールの中には，裁判や取引実務で通用していても，条文からは読み取りにくいものが少なくなく，法律の専門家でない国民一般にとって，基本的なルールが分かりにくい状態となっていました。

そこで，民法のうち債権関係の規定について，取引社会を支える最も基本的な法的基礎である契約に関する規定を中心に，社会・経済の変化への対応を図るための見直しを行うとともに，民法を国民一般に分かりやすいものとする観点から実務で通用している基本的なルールを適切に明文化することとしました。改正の項目は，小さなものまで含めると合計 200 程度です。

Q2 社会・経済の変化への対応を図るために，どのような改正がされましたか？

A 社会・経済の変化への対応を図る観点から，主として次のような改正をしています。

① 債権者が一定期間権利を行使しないときは債権が消滅するという「消滅時効」の制度により債権が消滅するまでの期間について，民法に置かれた職業別の例外規定を廃止するなどして，原則として５年に統一しています。

② 市中の金利が低い状態が続いている現状を踏まえて，契約の当事者間に利率や遅延損害金の合意がない場合等に適用される「法定利率」について，年５％から年３％に引き下げた上で，将来的にも市中の金利動向に合わせて変動する仕組みを導入しています。

③ 第三者が安易に保証人になってしまうという被害を防ぐため，個人が事業用融資の保証人になろうとする場合について，公証人による保証意思確認の手続を新設し，一定の例外を除き，この手続を経ないでした保証契約を無効としています。

④ 保険や預貯金に関する取引など，不特定多数を相手方とする内容が画一的な取引（定型取引）に用いられる「定型約款」に関する規定を新設し，定型約款を契約の内容とする旨を相手方に表示していたときは，相手方がその内容を認識していなくても，個別の条項について合意をしたものとみなすが，信義則に反して相手方の利益を一方的に害する条項は無効とするなどとしています。

法務省「民法の一部を改正する法律（債権法改正）について」より一部抜粋

第2部

民法改正の重要ポイントQ&A

多岐にわたる改正を 24 の重要項目にまとめ、
それぞれ事例をもとに具体的かつわかりやすく解説。

1 職業別に1年、2年、3年などとなっていた「短期消滅時効」が廃止され、簡素化されるの？

―時効期間と起算点に関する見直し

〈消滅時効〉

Q 当社は今後、小売業や飲食店業だけでなく不動産業や貸金業なども視野に、広く事業展開をしていきたいと考えています。ただ、事業の内容に応じて、債権の消滅時効の期間が異なるなど、対応が少々ややこしいと聞きました。今回、民法が改正されるにあたり、何か手当てがなされるのでしょうか。

A 短期消滅時効が廃止され、2つの時効期間が設けられました。

❶複雑で難解な「短期消滅時効」を撤廃し、シンプルに

消滅時効とは、権利を行使しないまま一定期間が経過した場合に、その権利を消滅させることを可能とする制度をいいます。

問題は、権利を行使しないまま「いつから」、「どれだけの期間」が経過した場合に、消滅時効が完成するのか、という点です。

旧法では、このうち、「いつから」（これを「起算点」と呼びます）という点に関しては、「権利を行使することができる時から」と定められていましたが、「どれだけの期間」（これを「時効期間」と呼びます）という点について、複雑でわかりにくく、合理性もないのではないかという指摘がなされていました。たとえば、民法上の消滅時効期間の原則は10年ですが、旧法では、職業別に1年（飲食店の飲食料など）、2年（卸売商人または小売商人の商品代金など）、3年（工事に関する債権など）といった具合に、特別に短い時効期間（これを「短期消滅時効」と呼びます）が定められていました。さらに、商法では5年と定められるなど、複雑でわかりにくい制度になっていたのです。

そこで、新法では、これらをシンプルに統一化することになりました。具体的には、これまでの原則である「権利を行使することができる時から10年」という起算点と時効期間を維持しながら、上記の短期消滅時効を撤廃し、「権利を行使することができることを知った時から5年」という新たな起算点と時効期間が設けられました（図1参照）。

●図1

	起算点	時効期間	具体例
原則	権利を行使することができる時から	10年	個人間の貸金債権など
職業別		1年	飲食料、宿泊料など
		2年	弁護士などの報酬、小売商人、卸売商人などの売掛債権など
		3年	医師、助産師の診療報酬など
商事		5年	商行為によって生じた債権

↓

	起算点	時効期間	具体例
原則	知った時から	5年	売買代金債権、飲食料債権など、契約上の債権一般
	権利を行使することができる時から	10年	不当利得返還請求権など

（出典）法務省民事局説明資料 P.2（一部改変）

❷2つの時効期間

●図2

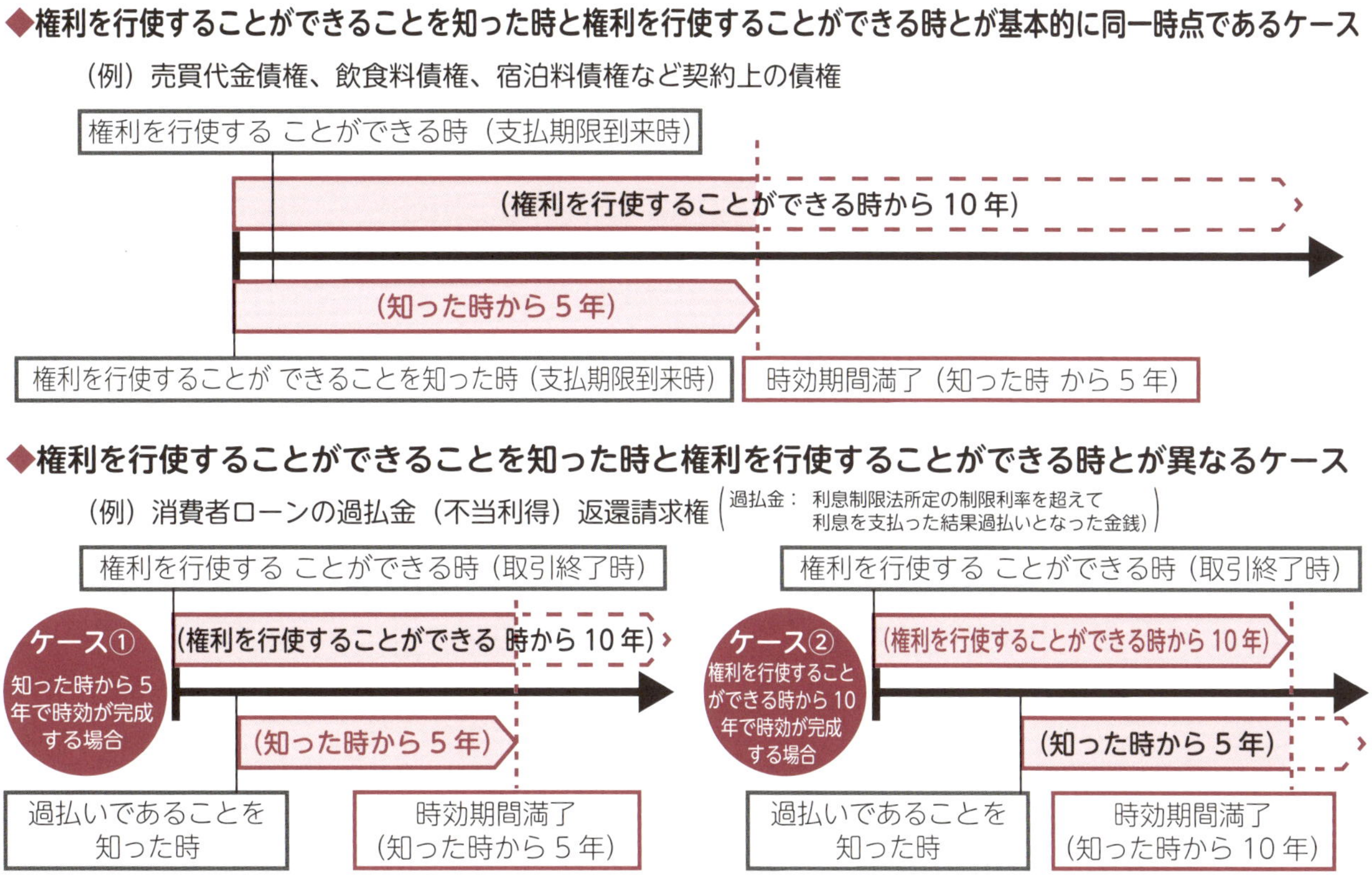

（出典）法務省民事局説明資料 P.3

時効期間については、「権利を行使することができる時」や「権利を行使することができることを知った時」がいつなのか、が問題になります。新法においては、次のとおり①権利を行使することができる時を契約の時点で知っている場合と②知らない場合の2つの適用期間を規定しています。

①契約上の債権は、通常は「支払期限」の到来時から5年

たとえば、小売業や卸売業などを営まれる際に生じる売掛代金債権などの契約上の債権については、権利を行使することができる時、つまり「支払期限」について、契約の時点で知っているのが通常なので、「2つの起算点がずれる」ということは基本的にありません。

したがって、契約で定められた「支払期限」の到来時から起算して5年で、その債権の時効期間が満了することになります。もっとも、確定的な支払期限を定めず、たとえば、債権の発生を一定の条件にかからせているような場合ですと、次の②の対応になります。

②起算点がずれるケースでは、10年か5年のいずれか早いほう

客観的には「権利を行使することができる時」となっていますが、権利を行使する側の当事者が、まだそれを知らないという事態、つまり、消滅時効の起算点がずれるケースも考えられます。上記のように、債権の発生を一定の条件にかからせている場合のほか、契約以外の原因によって債権が発生する場合には起こりうることです。たとえば、知らずに払い過ぎてしまった利息や代金などは、不当利得返還請求権という債権となって取り戻すことができますが、払い過ぎの事実を知るのは後日です。

これらの場合、権利を行使することができる時から10年と、権利を行使することができることを知った時から5年の、いずれか早いほうの期間が満了した時点で、消滅時効が完成することになります。

以上の適用関係については、図2を参照してください。

③経過措置

なお、施行日である令和2年4月1日までに債権が発生していたり、その原因となる契約が締結されている債権については、旧法が適用されます。このように、施行日後も旧法が適用される債権が残りますので、取扱いには十分注意してください。

（高橋瑛輝）

2 業務中の事故によって生命・身体が侵害された場合の損害賠償請求権はどうなるの？

―生命・身体の侵害による損害賠償請求権の特則〈消滅時効〉

Q 私は、工事現場等に出入りすることもあり、相応の危険がともなう業務に従事しています。万一、身体に障害が残るようなことになった際、会社に対して損害賠償請求できる場合があると聞きましたが、その請求権の消滅時効はどのようになるのでしょうか。また、これを、会社による「不法行為」だと考える場合と、「債務不履行」だと考える場合とで変わるのでしょうか。

A 人の生命・身体の侵害による損害賠償請求権の時効期間が、不法行為と捉えても、債務不履行と捉えても、権利行使可能時から20年、知った時から5年に統一されました。

❶生命・身体の侵害による損害賠償請求権と時効期間

ご質問のように、たとえば会社における業務中の事故によって、人の生命・身体が侵害された場合を想定しますと、仮に会社が適切な対応をとっていなかったことが原因であれば、それ自体を「故意または過失によって他人の権利または法律上保護されるべき利益を侵害した」と捉えることができます。したがって、「不法行為」に基づく損害賠償請求権（民法709条）が発生すると考えられます。

また、雇用という契約関係において、会社が労働者の安全に配慮した措置をとるべき債務を負っているにもかかわらず、これを怠ったという点を捉えて、「債務不履行」に基づく損害賠償請求権（民法415条1項）が発生すると考えることもできます（図1）。

同じようなことは、たとえば、医師のミスによって、患者が死亡したり障害が残ったりしたケースにも当てはまります。つまり、そこで起きた医療ミスを、「不法行為」あるいは「診療契約上の債務不履行」のどちらでも捉えることができるわけです。しかし、いずれと捉えるにしても、旧法では、生命・身体の侵害によるかどうかを区別してはいませんでした。

また、不法行為と捉えるか、債務不履行と捉えるかによって、損害賠償請求権が行使できる期間の考え方が異なるという弊害もありました。

具体的には、不法行為と捉えた場合には、「不法行為の時から20年間」または「被害者またはその法定代理人が損害および加害者を知った時から3年間」という期間制限になるのに対して、債務不履行と捉えた場合には、「権利を行使することができる時から10年間」という期間制限になっていたのです。

しかも、「不法行為の時から20年間」という期間は、消滅時効期

●図1

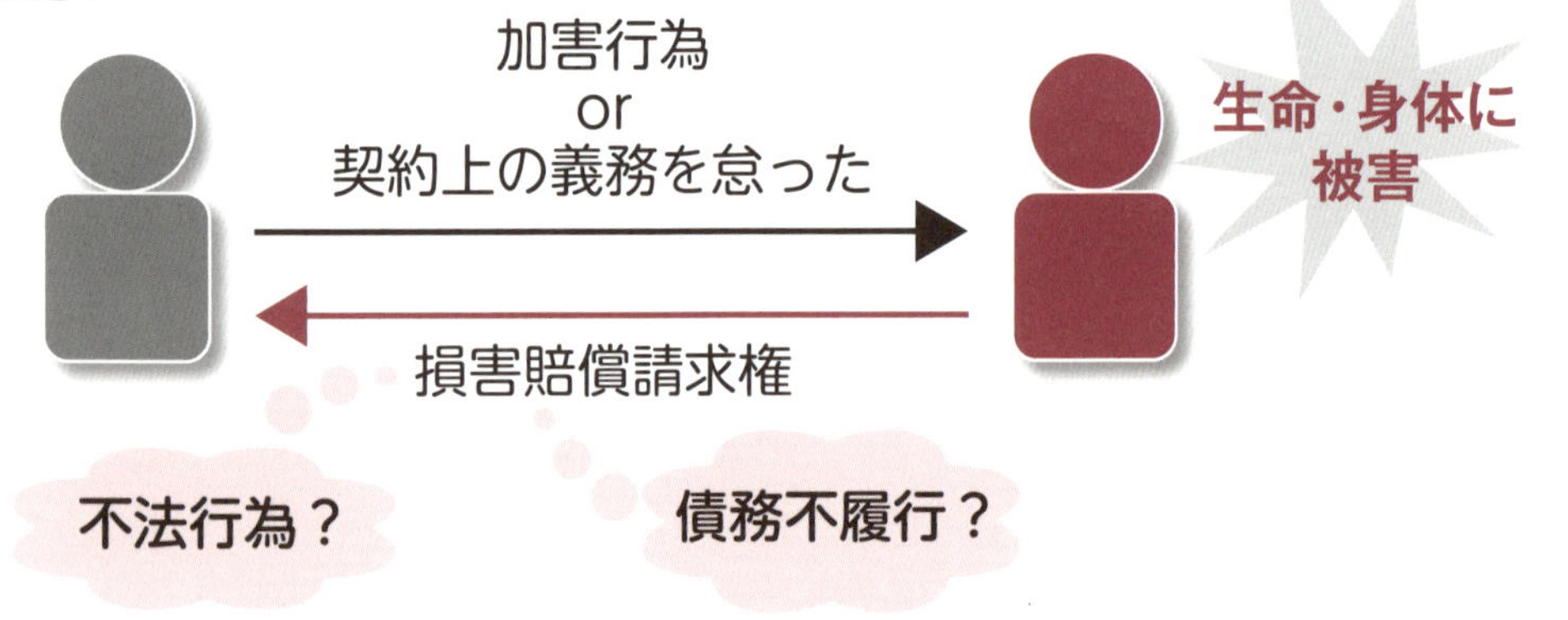

●図2

	起算点	期間
債務不履行に基づく損害賠償請求権	権利を行使することができる時から	10年
不法行為に基づく損害賠償請求権	損害および加害者を知った時から	3年
	不法行為の時から	20年

時効期間（10年・3年）

除斥期間（20年）
期間の経過により当然に権利が消滅。原則として中断や停止が認められない。当事者の援用は不要。

↓

	起算点	期間	生命・身体の侵害の場合
債務不履行に基づく損害賠償請求権	権利を行使することができることを知った時から	5年	5年
	権利を行使することができる時から	10年	→ 20年
不法行為に基づく損害賠償請求権	損害および加害者を知った時から	3年	→ 5年
	不法行為の時から	20年	20年

すべて時効期間
当然には権利が消滅せず、援用が必要。更新や完成猶予あり。

間ではなく、除斥期間、すなわち、当事者（上記の例でいうと会社）が援用しなくても、期間の経過により当然に権利が消滅するほか、期間の中断や停止（新法でいうところの「更新」や「完成猶予」）も、消滅時効とは違うので認められないと解釈されていました。

しかし、生命や身体については、他の財産的な利益に比べて保護すべき度合いが強く、権利行使の機会を確保すべき必要性は高いといえます。また、生命や身体に深刻な被害が生じたことにより、通常の生活を送ることが困難な状況に陥るなど、被害者側に時効完成阻止に向けた措置を速やかにとることが期待できない場合も多いので、人の生命・身体の侵害による損害賠償請求権については、長い消滅時効期間とするのが合理的といえます。

そこで、新法では、人の生命・身体の侵害による損害賠償請求権の時効期間について、債務不履行の場合は、「権利を行使することができる時から20年」に延長するとともに、不法行為の場合も「損害および加害者を知った時から5年」に延長されることになりました。つまり、人の生命・身体の侵害があった場合については、「不法行為と捉えても、債務不履行と捉えても、権利行使可能時から20年、知った時から5年」という消滅時効期間が適用されることで統一化が図られたわけです（図2参照）。

なお、今回の改正で、債務不履行に基づく損害賠償請求権の消滅時効期間として「権利を行使することができることを知った時から5年」が加わったことについては、Q1を参照してください。

❷経過措置

Q1のとおり、施行日である令和2年4月1日までに債務不履行に基づく損害賠償請求権が発生していたり、その原因となる契約（雇用契約など）が締結されている場合については、旧法が適用されます。ただし、不法行為に基づく損害賠償請求権については、被害者保護の観点から、施行日において「知った時から5年」または「不法行為の時から20年」が経過していなければ、新法が適用されることになるので注意してください。

（髙橋瑛輝）

3 未回収の代金の消滅時効がもうすぐ完成するが、どうすれば時効の完成を防ぐことができるの？

―新法における「完成の猶予」と「更新」

〈消滅時効〉

Q 私は、Aとの間で、令和2年5月1日に売買契約を締結し、同日Aに商品を引き渡しましたが、Aは、同日に支払うべきだった代金を未だに支払ってくれません。現在、令和7年4月1日ですが、もうすぐ消滅時効が完成すると聞きました。どうすれば時効の完成を防ぐことができますか。民法が改正されたことで、変更された点があれば、それについても教えてください。

A 時効の完成を妨げる事由およびその効果が、整理されました。

❶時効障害事由とは

①旧法における「中断」と「停止」を再定義

時効の完成を妨げる事由のことを時効障害事由と言います。旧法では、時効の障害事由として「中断」と「停止」という概念がありました。以下、「中断」「停止」の概念について、簡単に説明します。

「中断」とは、法定の事由（中断事由）が生じるとこれまで進行してきた時効期間がリセットされて、ゼロから時効期間が進行するという概念です。つまり、中断事由が継続している間は実質的に時効の完成が猶予されるという効果と、中断事由が終了することで新たに時効の進行が始まるという2つの効果があります。

一方、「停止」とは、時効が完成する際に時効中断手続きがとれない事情がある場合に、時効期間の進行が一時的にストップし、その事情がなくなってから一定期間経過後に進行が再開するという概念です。

この2つの概念のうち、「中断」が、特に複雑でわかりづらいと指摘されていました。その理由としては、「完成の猶予」と「新たな時効の進行」という発生時期の異なる2つの効果が「中断」という1つの用語に含まれていることや、条文上訴訟提起によって一度生じた中断の効力が訴えの取下げにより遡ってなかったことになることが挙げられます。

また、このように遡って中断の効力がなくなることによる不都合を回避するための「裁判上の催告」という判例法理（裁判中に本来の時効満了日が到来し、その後訴えを取り下げた場合、条文からは遡って中断の効力がなかったことになるので、すでに時効は完成しているはずですが、訴訟中は催告（旧法153条）が継続しているとして、取下げ後、6ヵ月間は時効の完成が猶予されていると解する判例法理）の存在も、わかりづらいとされる原因でした。

このように複雑な制度と条文にない判例法理で認めていた「裁判上の催告」の効果をわかりやすく整理すべきだ、また「停止」につ

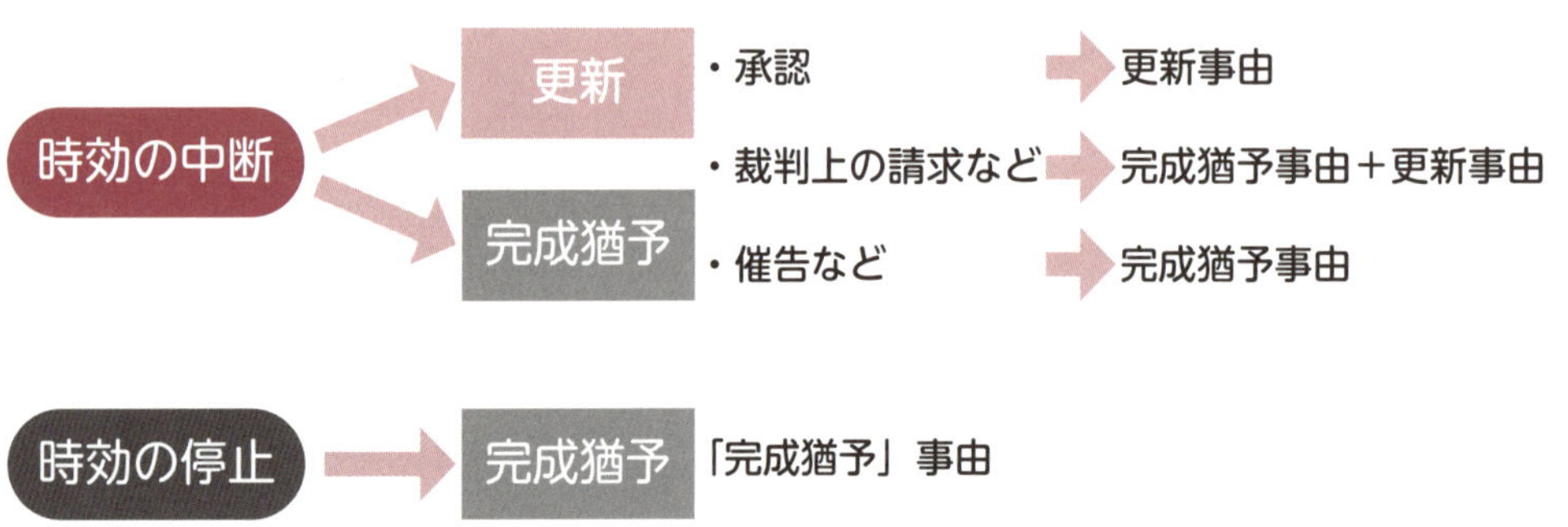

いても中断の見直しと合わせて整理すべきだ、という指摘があったことから、新法では、新たに「完成の猶予」と「更新」という言葉で整理するとともに、「裁判上の催告」として認められていたものの一部についても明文で規定されました。

②新法における「完成の猶予」と「更新」

新法では、まず債権者が権利の上に眠らずに権利を行使したといえる事由がある場合に、一定期間時効の完成を猶予する効果（「完成の猶予」）を与え、さらに権利が確定したといえるような事由がある場合に、時効期間をリセットし、ゼロから時効期間の進行が始まるという効果（「更新」）を与えています（図1参照）。

❷時効完成猶予事由および更新事由の概要

新法における時効完成猶予の事由および更新事由の概要は、表1のとおりです。

❸事例のケース

Qの事例において、消滅時効の完成を防ぐためには、Aに対して、①裁判上の請求等を行う（147

●表1

	事由	完成猶予	更新	備考
裁判上の請求（§147）	①裁判上の請求 ②支払督促 ③和解／調停 ④倒産手続参加	○ 手続き継続中 なお、取下げ等による終了の場合は、終了から６ヵ月猶予	○ 権利確定したとき	
強制執行等（§148）	①強制執行 ②担保権の実行 ③形式的競売等 ④財産開示手続	○ 手続き継続中 なお、取下げ等による終了の場合、終了から６ヵ月猶予	○ 手続きが終了したとき（取下げ・取消し）の場合を除く	無剰余取消し※、目的物滅失による取消しの場合は、更新が認められる
仮差押え等（§149）	①仮差押え ②仮処分	○ 終了時から6ヵ月	×	
催告（§150）	催告	○ 催告から6ヵ月	×	催告による完成猶予中の再度の催告は不可
協議を行う旨の合意（§151）	協議を行う旨の合意	○ 下記のいずれか早いときまで ⅰ）協議期間の定めがない場合・１年を超える協議期間の合意 →合意から１年 ⅱ）協議期間が１年未満 →その期間 ⅲ）拒絶通知 →拒絶通知から６ヵ月	×	・再度の協議の合意は当初の時効完成予定日から５年以内なら可 ・催告との併用は不可
承認（§152）	権利の承認	×	○	
天災等（§161）	天災その他避けることのない事変	○ 障害消滅から3ヵ月	×	

条1項各号)、②(債務名義や担保権を有する場合は)強制執行や担保権の実行手続きを行う(148条1項各号)、③Aの財産を仮に差し押さえる(149条1項各号)、④催告書を送付する(150条)、⑤協議を行う旨の合意を書面で行う(151条)、⑥債権の存在を承認させる(152条)といった方法が考えられます。

以下、各内容について補足して説明します。

図1●裁判上の請求の例

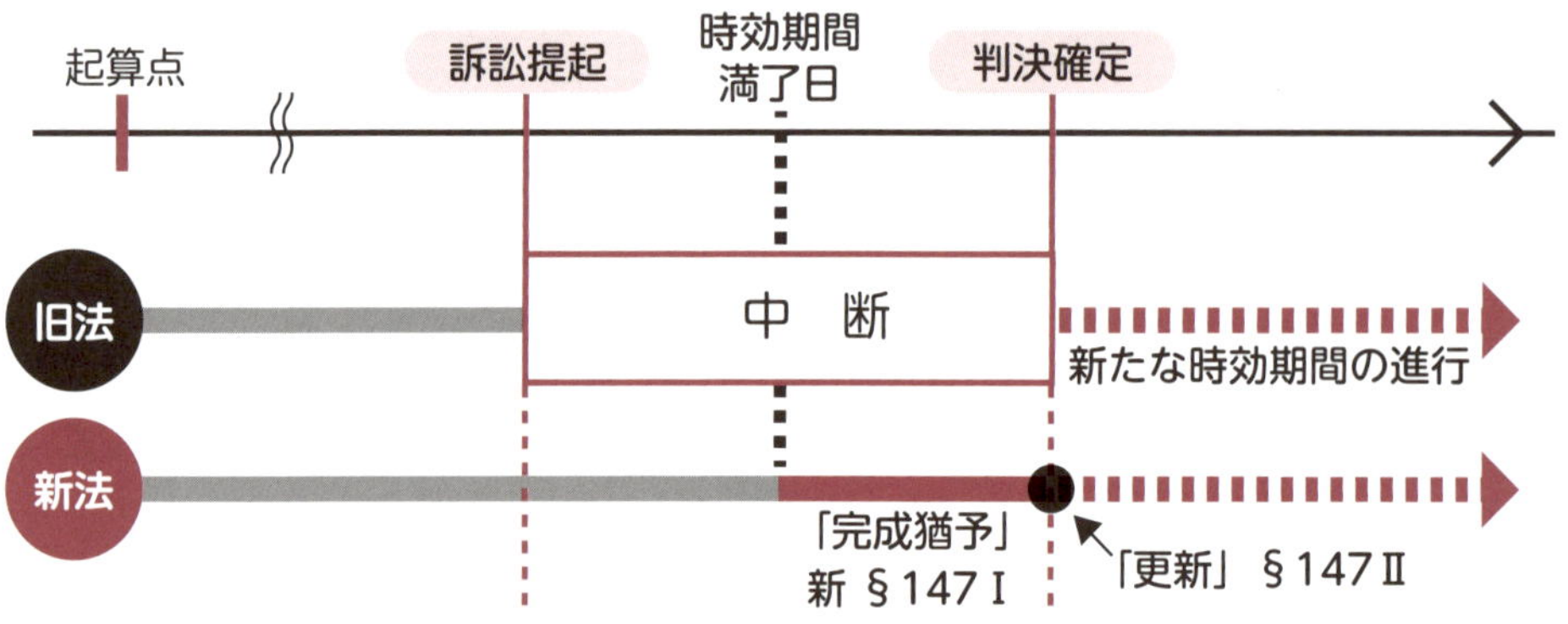

①裁判上の請求等による時効の完成猶予および更新

Aに対する訴状を裁判所に提出し受理されれば、受理された段階で「裁判上の請求」(147条1項1号)として、時効の完成が猶予されます。支払督促や民事調停の申立てを行った場合も同様です(同項2号、3号)。そして、判決・支払督促が確定するか、訴訟での和解や調停が成立したときから新たに時効期間が進行します。

なお、確定判決や、訴訟上の和解、調停などの確定判決と同一の効力を有するものによって確定した権利については、旧法下と同様、消滅時効期間は10年に延長されます(169条1項)。

また、Aが倒産手続きを申し立てていた場合は、その倒産手続きにおいて債権の届出を行えば、裁判所に届出が受理された段階で時効の完成猶予の効力が生じます。さらに債権調査により債権が確定することによって、更新の効力も生じます。ただし、同時破産手続き廃止、異時廃止手続きなど、債権調査が行われない場合には、完成猶予効および更新効は生じないと解されています。

②強制執行等による時効の完成猶予および更新

Qの事例ですと、Aに対して確定判決などの債務名義(強制執行により実現しようとする債権の内容を記した公の文書)は有していないと思われますが、一般論として債務名義を有していれば、財産を差し押さえる等の強制執行の手続きをとることによって、時効の完成を猶予させることができ、その手続きの終了のときから新たに時効期間が進行することになります。

また、Aの財産について担保権を設定していた場合は、その担保権を実行することによって、担保権の実行の申立てのときから時効の完成が猶予され、手続き終了のときから新たに時効期間が進行することになります。

③仮差押え等による時効の完成猶予

Aの財産が判明している場合には、その財産に対して仮差押えの申立てをすることで、「その事由が終了したとき」から6ヵ月間、時効の完成を猶予させることができます。

旧法において、仮差押え等の保全手続きは更新の効果も有する中断事由とされていましたが、保全手続きはあくまでも訴訟等で権利が確定する前に行う「仮」の手続きでしかなく、その後に訴えの提起等の手続きをとる必要がありました。つまり、結局は完成が猶予されているという状態に過ぎなかったため、新法では、仮差押え等の手続きに更新の効力はもたせず、「完成猶予の効力のみ生じる」という形で再整理されました。

なお、完成猶予の効力が生じる時期については、申立ての時と解するのが通説です。

一方、完成猶予の効力がいつまで続くかについては、「その事由が終了したとき」をどう解釈するかによります。この点について、旧法下の判例では、「仮差押えの登記が存続する限り中断の効力が継続する」と解されていました。残念ながら、新法下においても条文上明確にはされなかったので、今後の解釈にゆだねられています。

したがって、この解釈が明確に

なるまでは、「時効完成間際に仮差押えを申し立てた場合は、6ヵ月以内に訴訟を提起する等速やかに本案の手続きをとり、確実に時効の完成を止める手続きをとる」ことが適切と考えます。

④催告による時効の完成猶予

Aに対して、催告書を送付することによって、催告から6ヵ月間時効の完成を猶予させることができます。

なお、催告によって時効の完成が猶予されている間に再度催告をしても、再度の催告には時効の完成猶予の効果はありません（150条2項）。旧法下でも同様の解釈がなされていましたが、明文化されたことで再度の催告に効果がないことが明らかになりました。

また、「催告による時効完成猶予の効果と協議をする旨の合意による時効完成猶予の効果を、重ねて得ることはできない」とされていることに注意してください（151条3項）。

⑤協議を行う旨の合意による時効の完成猶予

Aが、商品の瑕疵等を理由に代金の支払いを拒んでいるような場合で、もしAとの間で協議することができるといった場合は、Aと協議を行う旨の合意を書面で行うこと（151条）によって、一定期間時効の完成が猶予されます。

これは、新法で新たに認められた時効の障害事由に該当します。なお、詳細は54ページを参照してください。

⑥承認による更新

Aとの間で代金債権の存在自体に争いがない場合は、Aに債務承認書を書かせる、あるいは、一部だけでも弁済してもらうといった方法が考えられます。

そうすることによって、Aに債権の存在を承認させることができれば、その時点で更新の効果が生じ、承認のときから新たに時効期間が進行することになります（152条1項）。

⑦天災等による時効の完成猶予

時効完成間際に、天災等によって上記①または②の手続きをとることができないときは、その障害が消滅したときから3ヵ月を経過するまでの間、時効は完成しないとされています（新法161条）。旧法では2週間でしたが、新法により3ヵ月に延長されました。

⑧その他

Qの事例とは直接関係ありませんが、上記のほかに旧法において裁判上の請求等ができない状態、つまり「停止事由」とされていたケースが、新たに新法における時効の完成猶予事由とされました。

具体的には、未成年者または成年被後見人について法定代理人がいない場合（158条）、婚姻中の夫婦間の権利の場合（159条）、相続が発生し相続人が確定していない場合（160条）が、それに該当します。いずれも旧法と同様に、「請求できる状態になってから6ヵ月間時効の完成が猶予される」と規定されています。

（松本久美子）

用語解説

無剰余取消し：以下の場合を「無剰余」といいます。

❶差押債権者の債権に優先する債権（以下「優先債権」という）がない場合において，不動産の買受可能価額が執行費用のうち共益費用であるもの（以下「手続費用」という）の見込額を超えないとき。

❷優先債権がある場合において，不動産の買受可能価額が手続費用および優先債権の見込額の合計に満たないとき。

執行裁判所が無剰余であると判断した場合には，その旨を差押債権者に対し通知します。この通知を受けた差押債権者が，通知を受けた日から1週間以内に必要な措置をとらなければ，その競売手続は取り消されることとなります。〔民事執行法63条2項〕

〈消滅時効〉

4 相手が債務の存在や範囲について争っている場合でも、協議をしていれば時効は完成しないの？

―協議を行う旨の合意による時効の完成猶予

Q 当社は、A社から令和2年4月1日にある商品を購入し、顧客に販売したところ、その商品に瑕疵があり多数の顧客から苦情が入りました。結果的に商品を回収することになり、その費用をはじめ苦情対応等、当社に多額の損害が生じました。

そこで、A社に対して、その損害の賠償を求めたところ、A社は「法的な責任は認めていないものの、合理的な解決に向けて誠実に協議する」ということで、協議を続けてきました。しかし、もうすぐ時効期間が到来しそうです。できれば交渉を続けたいと思っており、何とかして時効の完成を防ぎたいと考えています。そのためには、訴訟提起等、具体的な対応をする必要があるのでしょうか。

A 協議を行う旨の合意書を作成したり、書面やメールで協議の申入れをし、A社からも応諾する旨の書面やメールをもらうなどの方法により、時効の完成を猶予させることができます。

❶「協議を行う旨の合意による時効の完成猶予」を新設

旧法では、権利の存否について争いがあるなかで、当事者の合意で時効の進行が止められるような規定はありませんでした。また、あらかじめ時効の利益を放棄することは許されず、当事者の合意により時効期間を変更することもできないとされていたため、当事者間で任意の話合いが継続している間でも、時効の完成が近づくと、時効中断のための訴訟の提起等が余儀なくされていました。

しかし、「このような場合に訴訟提起等の負担を強いるのは合理的ではない」という指摘があり、新法では、当事者の合意で時効の完成を猶予できる場合について、新たに規定が設けられました。それが、民法151条の「協議を行う旨の合意による時効の完成猶予」の規定です。

❷要件

民法151条1項は「権利についての協議を行う旨の合意」と規定していますが、権利の存否について争いがなく、それを債務者が認めれば「承認」として更新事由となります（152条1項）。つまり、本条は「争いのある権利について」、協議を行う旨の合意をすることが前提とされています。

そして、争いのある権利について協議を行う旨の合意をすることで、時効の完成猶予の効力を生じさせるためには、争いのある権利について協議を行う旨を「書面または電磁的記録」で合意する必要があります。

書面または電磁的記録で合意することを求めた趣旨は、時効の完成猶予期間を明確にすることにあるため、必ずしも、同じ書面に双方の意思が表示されている必要はありません。たとえば、当事者の一方が協議の申込みをメールで行い、相手方から応諾する旨のメールが返信されれば、それによって電磁的記録で合意したと認められ、時効の完成猶予の効力が生じることになります。

なお、内容については協議を行う旨の合意であれば足り、時効の完成を猶予することまで合意する必要はありません。

❸効果

上記要件を満たす合意をした場合、以下のいずれか早い時までの間は、時効は完成しません（151条1項各号）。

①合意から1年を経過した時

②1年未満の協議期間を定めたときは、その期間を経過した時

③当事者の一方から相手方に対し

表1 ●時効の完成猶予の期間

協議の合意	期間の定めがない場合	期間の定めがある場合	
		1年以上の期間の定めがある場合	1年未満の期間の定めがある場合
時効の完成猶予	①と③のいずれか早い時まで	①と③のいずれか早い時まで	②と③のいずれか早い時まで

て協議の続行を拒絶する旨の通知が書面でなされたときは、その通知の時から6ヵ月を経過した時

❹延長

協議を行う旨の書面による合意によって時効の完成が猶予されている間に、再度、協議を行う旨の合意を書面ですることで、さらに上記③の期間、完成猶予の効果が生じます（151条2項本文）。ただし、「その効力は、時効の完成が猶予されなかったとすれば時効が完成すべき時から通じて5年を超えることができない」とされています（151条2項ただし書）。

図1 ●時効の完成が猶予されている間にされた催告例

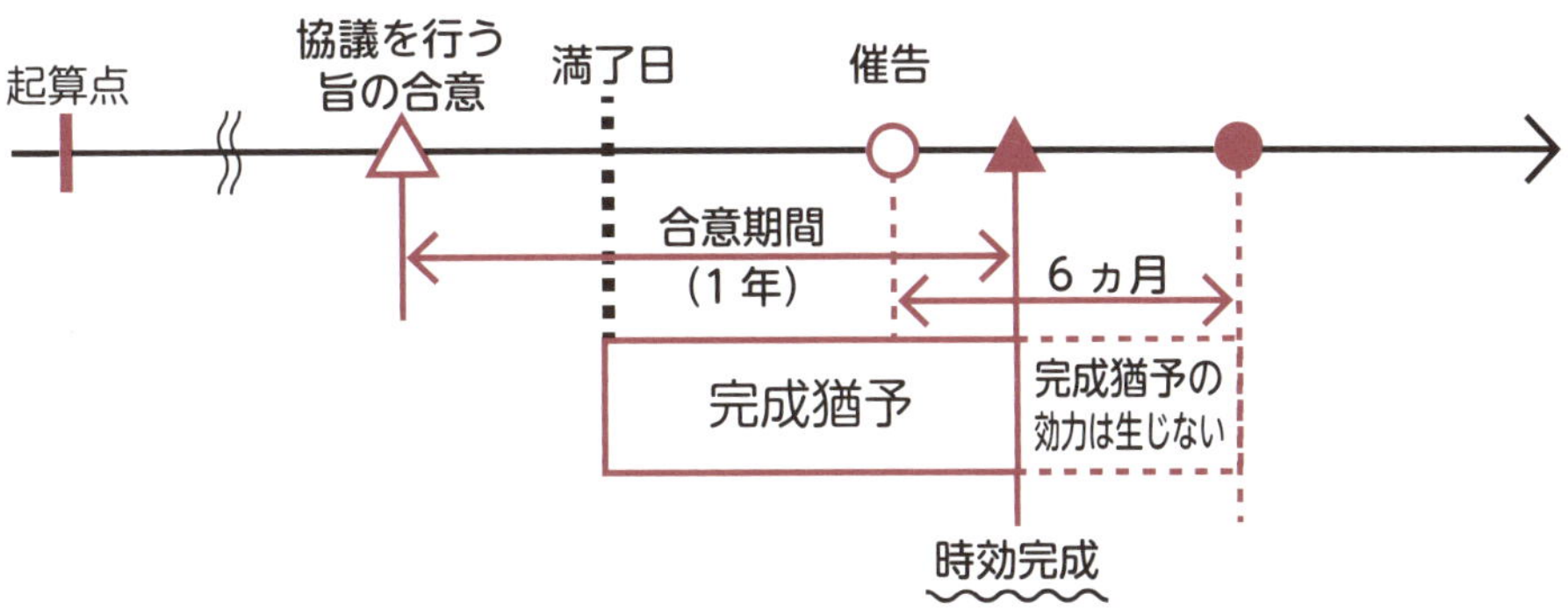

❺催告との関係

協議を行う旨の書面による合意によって時効の完成が猶予されている間にされた催告には、時効完成の効果は生じないとされています（151条3項後段）。

また、催告によって時効の完成が猶予されている間にされた協議を行う旨の書面による合意にも、時効完成猶予の効果は生じないとされています（151条3項前段）。実務上は、時効完成間際に催告と協議の申入れを行うことが想定されますが、相手方がこれに書面で応じた場合でも、催告による6ヵ月の完成猶予の効力が先に生じ、協議の合意による時効の完成猶予効力が生じないことに注意が必要です。

図2 ●催告によって時効の完成が猶予されている間にされた協議例

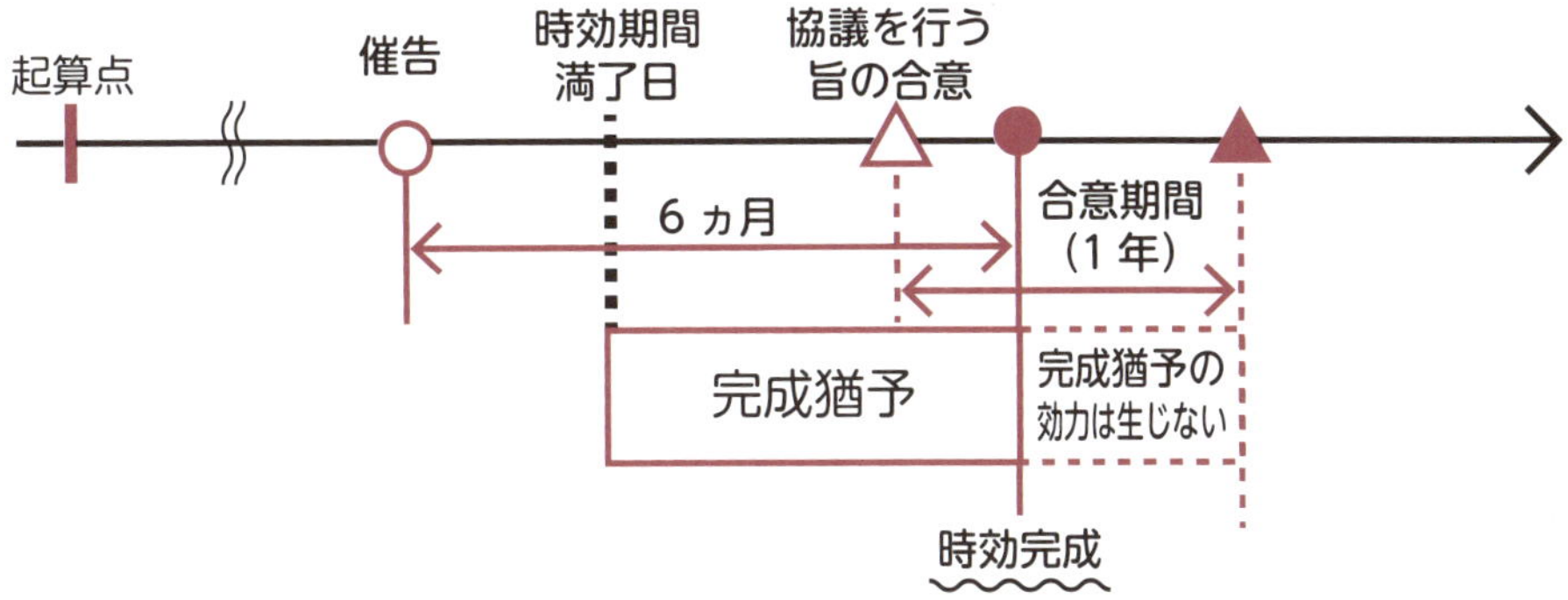

❻まとめ

Qの場合ですと、本件の権利について協議を行う旨の合意書を作成したり、貴社から書面ないしメールで協議の申入れをし、A社からも応諾する旨の書面ないしメールをもらうなどの方法により、時効の完成を猶予させることができます。なお、完成猶予の効力は、1度の合意で合意から最長1年間なので、協議が長引く場合は、適切に猶予期間を延長させるための合意を書面や電磁的記録で行う必要があります。

（松本久美子）

〈保証〉

5 建物を賃貸する際、個人の保証人に対して保証する金額の上限を定めることになるの？

—包括根保証の禁止の対象拡大

Q 私はマンションのオーナーですが、建物を賃貸するに際し、個人の保証人を付けるようにしています。これまでは、保証人が保証する金額の上限を定めることはしていませんでしたが、それで特に問題はありませんでした。しかし、今回の民法改正によって、この点に変更が生じると聞きました。

具体的にどのような変更がなされるのでしょうか。また、その他注意点があれば教えてください。

A 極度額を定めないと、保証が無効になります。また、元本の確定事由について、新たに規定が設けられました。たとえば、賃借人の死亡や保証人の死亡・破産等の事由がある場合に注意が必要です。

❶保証と根保証

保証は、大きく一般の保証と、根保証の2つに分類することができます。

一般の保証では、保証すべき債務が特定しており、保証人はその範囲を超えて債務を負担することはありません。たとえば、住宅ローンを借り入れる際に、主債務者の配偶者が保証人となる場合があります。この場合、通常、利息や遅延損害金についての債務も保証の範囲に含まれますが、住宅ローンの借入額が決まっているので、保証人にとっては、自ら負担する債務の範囲についての予測可能性があるといえます。

これに対し、根保証というのは、一定の範囲に属する不特定の債務を主たる債務とする保証のことをいいます。根保証は、保証債務の範囲が不特定であり、保証金額や保証期間において制限がないことから、保証人に過度な負担を強いることになります。そのため旧法においても、貸金等債務に対する包括根保証については、保証人を保護するという趣旨から一定の制限が付されていました。その内容は、根保証における保証人の予測可能性を確保するとともに、根保証契約の締結時に根保証の要否およびその範囲について慎重な判断を求めるというものです。

一方で、貸金等債務以外の根保証（たとえば、賃貸借契約における借主の債務に関する根保証や継続的売買契約における売主の債務に関する根保証）についても、想定外の保証債務の履行が求められることは少なくありません。しかし、これらについて旧法にはなんら制限がありませんでした。そのため、借家が借主の落ち度で焼失し、その損害額が保証人に請求されるケースや、借主の相続人が賃料の支払いをしないケースなどの場合、保証人が無制限に責任を負う可能性がありました。

❷貸金等債務以外の根保証の範囲を拡充

新法においては、貸金等債務以外の根保証について、個人である保証人を保護する範囲を拡充する方向で改正がなされました。具体的には、旧法において極度額の定めは不要でしたが、新法では極度額を定めることとされました。したがって、「極度額の定めのない個人を保証人とする保証は無効」になります。極度額とは、根保証により保証すべき債務の合計額の限度のことで、これを定めることによって、自らが負担する債務金額について、予測可能性を確保することができるわけです（**図1参照**）。

また、特別な事情（主債務者の死亡や、保証人の破産・死亡など）がある場合、その時点で保証すべき債務の額が確定します。つまり、それ以降に生じた債務について、保証人が保証債務を負担することはなくなりました。これは、契約締結時から著しい事情変更があった場合に、保証すべき債務の額を確定し、個人保証人の責任が拡大することを防止するという観点に基づくもので、これを法律上、「元本の確定事由」といいます。

なお、元本の確定事由として、主債務者の死亡および保証人の破産・死亡が規定されましたが、主債務者の破産は規定されていません。これは、貸金等債務以外の根保証について、典型例として想定されるのが、賃貸借契約における賃料債務の根保証と継続的売買における根保証に限定されるからです。

つまり、これらの契約関係においては、主債務者が破産しても、契約の相手方は当然には契約を終了させることができず、新たな債務の発生を防ぐことができないことを考慮したためとされています。

なお、旧法と新法における変更点は、表1のとおりです。

（赤崎雄作）

●図1

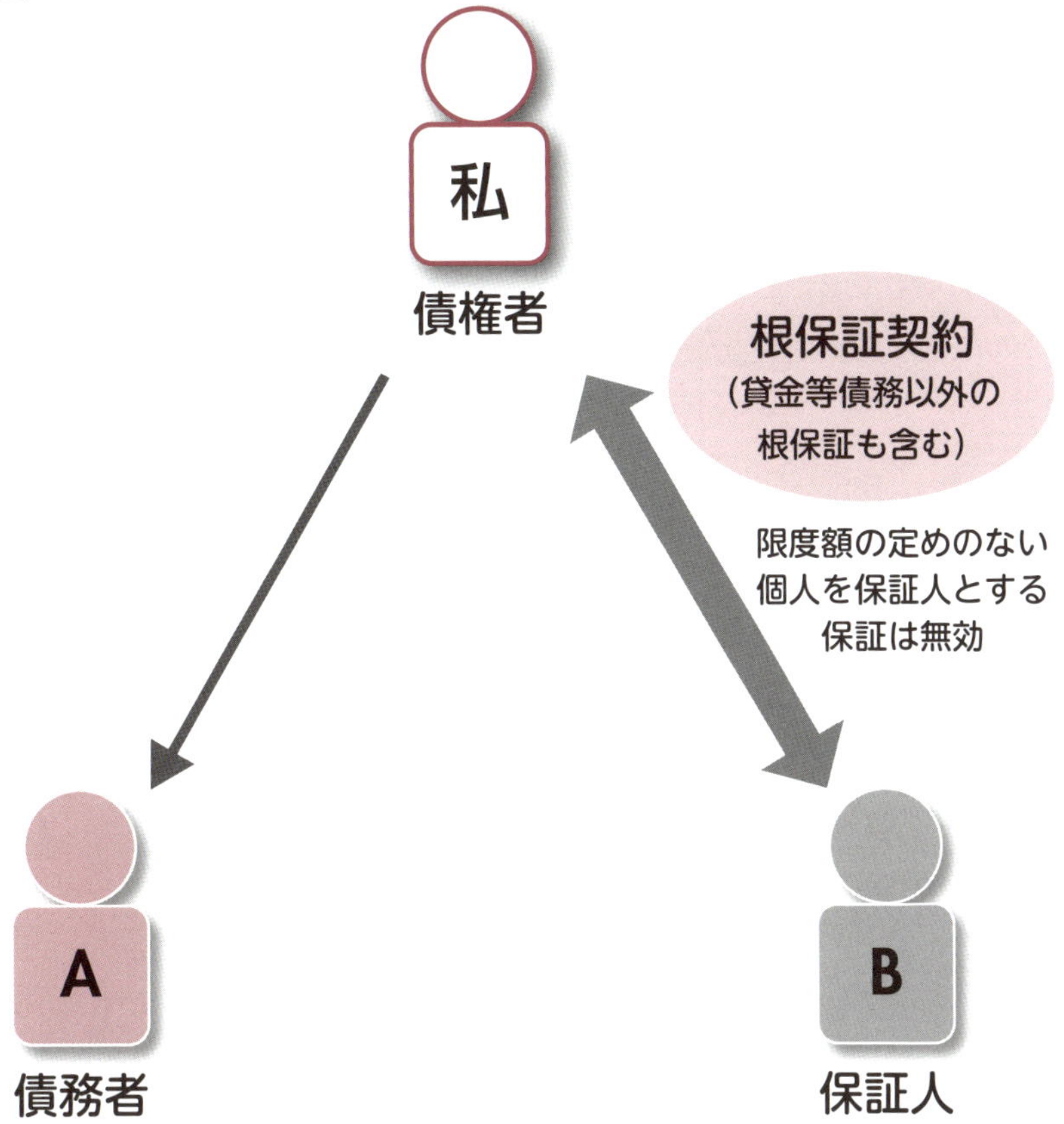

●表1

旧法

主債務に含まれる債務	貸金等債務あり	貸金等債務なし（賃借人の債務など）
極度額	極度額の定めは必要	極度額の定めは不要
元本確定期日（保証期間）	原則３年（最長５年）	制限なし
元本確定事由（特別事情による保証の終了）	破産・死亡などの事情があれば保証は打ち切り	特に定めなし

新法

主債務に含まれる債務	貸金等債務あり	貸金等債務なし（賃借人の債務など）
極度額	極度額の定めは必要	極度額の定めは必要
元本確定期日（保証期間）	原則３年（最長５年）	制限なし
元本確定事由（特別事情による保証の終了）	破産・死亡などの事情があれば保証は打ち切り	破産・死亡などの事情（主債務者の破産等を除く。）があれば保証は打ち切り

（出典）法務省民事局説明資料P.18

〈保証〉

6 融資にあたり、個人の保証人をとる際に新たに留意すべき点はあるの？

―事業用融資における第三者保証の制限

Q 金融機関である当社は、取引先のA株式会社が製品を製造するための工場を建設することとなり、その建設資金の融資を検討しています。融資にあたり、個人の保証人をとる予定ですが、新法において留意すべき点はありますか。

A 保証制度は、特に中小企業向けの融資において、主債務者の信用補完や、経営の規律づけの観点から重要な役割を果たしています。他方で、友人・知人からの依頼等によって保証人となった者が、想定外の多額の保証債務を負担することとなり、生活破綻に追い込まれる事案は少なくありません。

そこで、事業用融資の第三者個人保証に関し、公証人があらかじめ保証人本人から直接その保証意思を確認しなければ効力を生じないこととする改正がなされました。

ただし、①主債務者が法人である場合の理事、取締役、執行役等、②主債務者が法人である場合の総株主の議決権の過半数を有する者等、③主債務者が個人である場合の共同事業者または主債務者が行う事業に従事している主債務者の配偶者については、上記ルールは適用されません。

❶保証人の意思確認が必要

事業用融資に対して個人保証をする場合、新法では「保証契約の締結前1ヵ月以内における公証人による保証人の意思確認を必要とする」ことになりました。

具体的には、まず公証人は、「保証人になろうとする者が保証しようとしている主債務の具体的内容を認識していること」や、「保証契約を締結すれば保証人は保証債務を負担し、主債務が履行されなければ自らが保証債務を履行しなければならなくなること」を理解しているかなどを検証します。そして、保証人になろうとする者が保証契約のリスクを十分に理解したことを確認したうえで、相当の考慮をして保証契約を締結しようとしているか否かを見極めることが想定されます（次ページ参照）。

なお、公証人による保証意思の確認は、代理人による嘱託は不可であり、保証人本人が出頭しなければならないとされています。このように従来と比べて、手続的に手間がかかる改正となっているため、意に沿わない保証契約を締結することが減少すると予測されます。

一方、債権者の立場からすると、法律上の手続きを踏まないと保証契約は無効になるため、その手続きに漏れがないかを確認しつつ、慎重に対応する必要があるといえます。

❷主債務者の配偶者は例外扱い

上記のとおり、このルールには一定の例外が存在します。このうち、主債務者が個人である場合の「主債務者が行う事業に従事している主債務者の配偶者」が例外とされたのは、個人事業主の配偶者であり、事業に従事している場合には、事業の状況などをよく知り得る立場にあり、保証のリスクを認識することが可能であること、また、配偶者間で明確な契約はされていなくても、その事業の損益を個人事業主と実質的に共有する立場にあるのは明らかなので、公証人による保証意思確認を義務づける必要はないと判断されたことによります。

なお、この例外が適用されるためには、保証契約の締結時点において、その個人事業主が行う事業に実際に従事していることが必要だとされています。たとえば、単に書類上事業に従事しているだけ、あるいは保証契約の締結に際して一時的に従事したというだけでは足りないとされています。

つまり、この例外に該当するか否かについては、実態がどうであったかを適切に判断することが重要になります。債権者の立場からすれば、たとえば主債務者からのヒアリングのみに基づいて安易に判断するようなことはせず、慎重に判断をすることが望ましいと考えられます。

（赤崎雄作）

用語解説

事業用融資：保証人の意思確認が必要となる事業用融資は、新法上は、「事業のために負担した貸金等債務」と規定されています。「事業」とは、一定の目的をもってされる同種の行為の反復継続的遂行をいい、「事業のために負担した貸金等債務」とは、借主が借り入れた金銭等を自らの事業に用いるために負担した貸金等債務を意味します。たとえば、Qにあるように製造業を営む株式会社が製品を製造するための工場を建設したり、原材料を仕入れたりするために資金を借り入れる場合がこれに該当します。

公証人による意思確認手続の概要

1 公証人に対する口授・筆記（その１）

保証人になろうとする者は、公証人に対し、保証意思を宣明するため、主債務の内容など法定された下記事項を口頭で述べ、公証人は、保証人になろうとする者が口頭で述べた内容を筆記し、これを保証人になろうとする者に読み聞かせ、または閲覧させる（口がきけない者については、通訳人の通訳または自署）。

公証人に対する口頭での申述・筆記事項

①通常の保証契約（根保証契約以外のもの）の場合

１）主債務の債権者および債務者

２）主債務の元本と従たる債務（利息、違約金、損害賠償等）についての定めの有無およびその内容

３）主債務者がその債務を履行しないときには、その債務の全額について履行する意思を有していること。

②根保証契約の場合

１）主債務の債権者および債務者

２）主債務の範囲、根保証契約における極度額、元本確定期日の定めの有無およびその内容

３）主債務者がその債務を履行しないときには、極度額の限度において元本確定期日または元本確定事由が生ずる時までに生ずべき主債務の元本および従たる債務の全額について履行する意思を有していること。

※いずれについても、連帯保証の場合には、債権者が主債務者に対して催告をしたかどうか、主債務者がその債務を履行することができるかどうか、または他に保証人があるかどうかにかかわらず、その全額について履行する意思を有していること。

2 公証人に対する口授・筆記（その２）

保証人になろうとする者は、公証人が証書に記載した内容が正確なことを承認して署名押印するなどし、公証人は、その証書が法定の方式に従って作ったものである旨を付記して、これに署名押印する。

3 保証意思宣明公正証書の性質

・保証契約の契約書（保証契約公正証書）とは別のもの。

・保証意思宣明公正証書自体には執行認諾文言を付けることはできない。

（出典）法務省民事局説明資料 P.22（一部改変）

7 旧知の仲のBに保証人を頼もうと考えているが、新たに留意すべき点はあるの？

—保証人に対する財産等の情報提供義務（その1）

〈保証〉

Q1 私は、製造業を営んでいます。このたび、A社と新たに取引を始めることにしました。A社から原材料を購入する予定ですが、仕入れ取引にあたり、A社から保証人をたててほしいと言われています。旧知の仲のBに保証人を頼もうと考えていますが、新法との関係で、何か気をつけなければいけないことがありますか。

A1 新法では、主たる債務者（Q1の質問者）が事業のために負担する債務を保証、もしくは根保証を個人にお願いする時は、保証人（Q1のBさん）に対して財産等の情報提供義務が課せられます（新法465条の10）。

具体的には、下記の①から③の情報を、保証人であるBさんに提供しなければいけません。

①あなたの財産および収支の状況

②保証をお願いする債務以外に負担している債務があるかどうか。ある場合には、その額と履行状況

③主たる債務の担保として提供するもの（土地に抵当権を設定する場合は、その内容、工場内の動産に抵当権を設定する場合は、その内容等）

❶ 新たに保証人に対する情報提供義務を規定

保証人は、主たる債務者が返済できない状態となったときに返済を求められるので、保証をするかどうかは、主たる債務者の財産状況に大きく影響を受けることになります。

旧法において主債務者は、自らの財産状況を含め、上記①から③のような情報を保証人に提供する義務を、法律上は負っていませんでした。そのため、「名前だけ貸してほしい、迷惑はかけないから」と言われ、それならば助けてあげようと思って保証をしてしまったというようなケースが後を絶ちませんでした。それを新法では、主たる債務者に対して、保証人に対する①から③の情報提供義務を課すことで、これまでのようなケースを少なくすることが期待されています。

なお、保証契約締結時の主債務者の保証人に対する情報提供義務が課される場合の内容をまとめると、以下のとおりです。

「個人に対して」
「事業上の債務について」
「保証を委託する場合」

つまり、事業上の債務ではない場合の保証や、保証人が法人の場合には、この規定は適用されないことになります。

Q2 もし、私が上記の情報を提供しなかったり、誤った情報を提供した場合、Bさんに依頼した保証契約との関係において、どのような影響があるのでしょうか。

A2 保証人により、保証契約が取り消される可能性があります。A1で説明したとおり、新法において新た

に保証人の保護を目的とした規定が設けられましたが、以下のような場合には保証契約が取り消されることになります。

❷保証契約が取り消されるケース

①主債務者が情報を提供せず、または、事実と異なる情報提供により、保証人が保証を承諾し、

②このことを債権者が知る、もしくは知ることができた場合

なお、①については、保証人が主債務者による①の情報提供により、主債務者の財産状況等について誤った認識をもって保証した場合のことを想定しています。ただし、①を満たすだけでは、保証人は保証契約を取り消すことはできません。①の状況を債権者（Q1でいうとA社）が知っている、もしくは知ることができたであろうといえる必要があります。

このように後々、保証契約を取り消される可能性があることを考えると、債権者側からしても、主債務者が保証人に財産状況等について、どのような説明をしたのか、確認をしておくことが必須となると思います。

（角野佑子）

図1●情報提供義務の概要

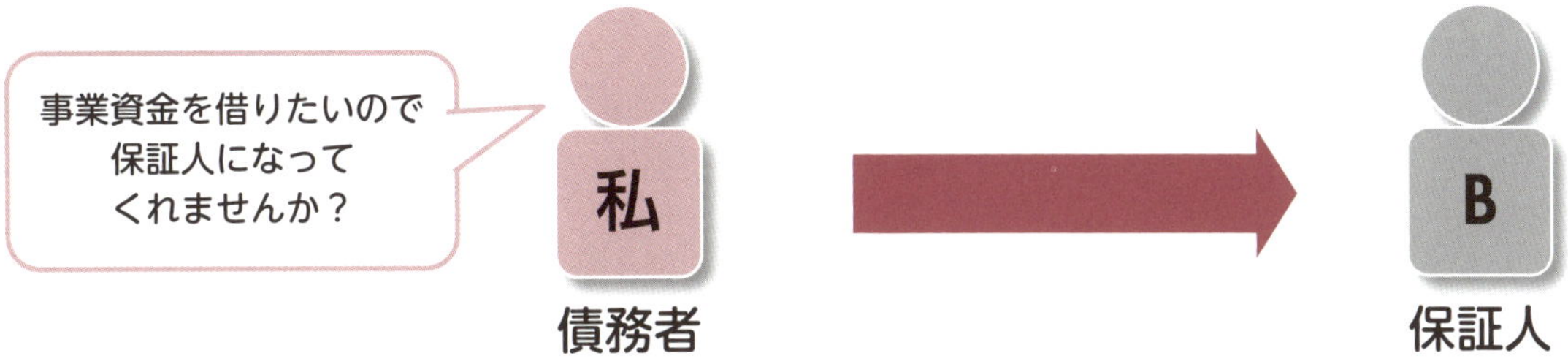

旧法　債務者からの情報提供義務について規定されていない。

新法　債務者は保証委託を受ける者に対して、情報を提供する義務を負うことを規定。

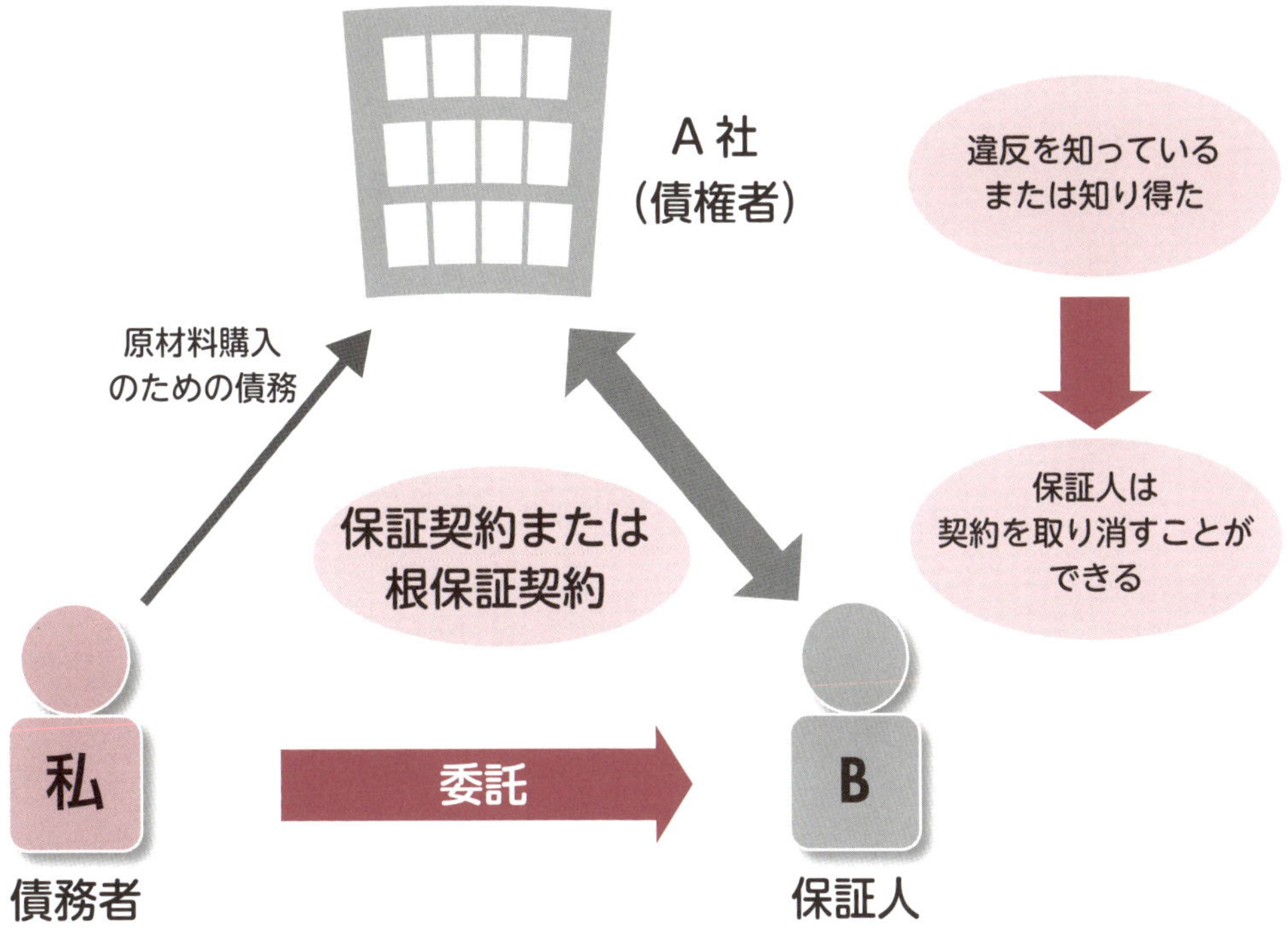

8 保証人が債権者に対して情報提供を求めることはできるの？

―保証人に対する財産等の情報提供義務（その2）

〈保証〉

Q いま、私はAさんから、Aさんが営んでいる和菓子事業におけるB社との取引について、その保証人になってほしいと依頼されています。すでにAさんの財産状況等に関する情報は提供してもらっていますが、もし、私が保証人になった場合、「Aさんがきちんと債務を履行しているか」「延滞してはいないか」といった情報を把握することは可能なのでしょうか。

また、債権者の方から情報提供をしてもらうといったことはできるのでしょうか。

いまのところAさんの事業は好調なので、特段心配していませんが、将来のことを考えると不安があります。

A 保証人が請求すれば、債権者は①不履行の有無、②残額、③残額のうち弁済期が到来しているものの額の3つの情報を提供しなければなりません。

❶保証人への情報提供が義務づけられていること

新法では、債権者は、保証人から請求があったとき、次の情報を提供することが義務づけられました。

①不履行の有無

②残額

③残額のうち弁済期が到来しているものの額

これらの情報について、債権者に情報提供を求めれば、回答をもらうことができます（新法458条の2）。

この点について、旧法下では、主債務者のプライバシーの観点から、情報の提供がなされないことが多々ありました。つまり、主債務者が支払いを遅滞したことを、保証人が当然には知らないという状況が少なからずあったわけです。

しかし、本来、保証人となる以上、主債務者の履行状況は、保証人の財産状況に影響を及ぼす可能性のある大変重要なものです。そこで、保証人が債権者に対して情報提供を求めることができるよう、新法において明文化されました（図1参照）。

❷期限の利益喪失の注意義務

主債務者が期限の利益を喪失した場合、債権者は保証人に対して、期限の利益を喪失したことを知ったときから2ヵ月以内に、そのことを通知しなければならないという規定が新設されました（新法458条の3）。

主債務者が履行できない状況となり、期限の利益を喪失して一括で支払いをしなければならない状況となった段階で遅延損害金が加算されます。そのため、負担額が大きく膨らんでしまうというリスクがありました。新法により保証人が主債務者の履行状況を知ることができれば、遅延損害金が膨らむ前に立替払いをして負担額を減らすことができるので、リスクの軽減につながるわけです。

なお、債権者がこの通知をしていない場合は、通知をするまでに生じた遅延損害金の請求を保証人に請求することができなくなるので注意が必要です。

（角野佑子）

Aさんは、きちんと債務を履行してくれるかなあ？

図1 ●情報提供義務の概要

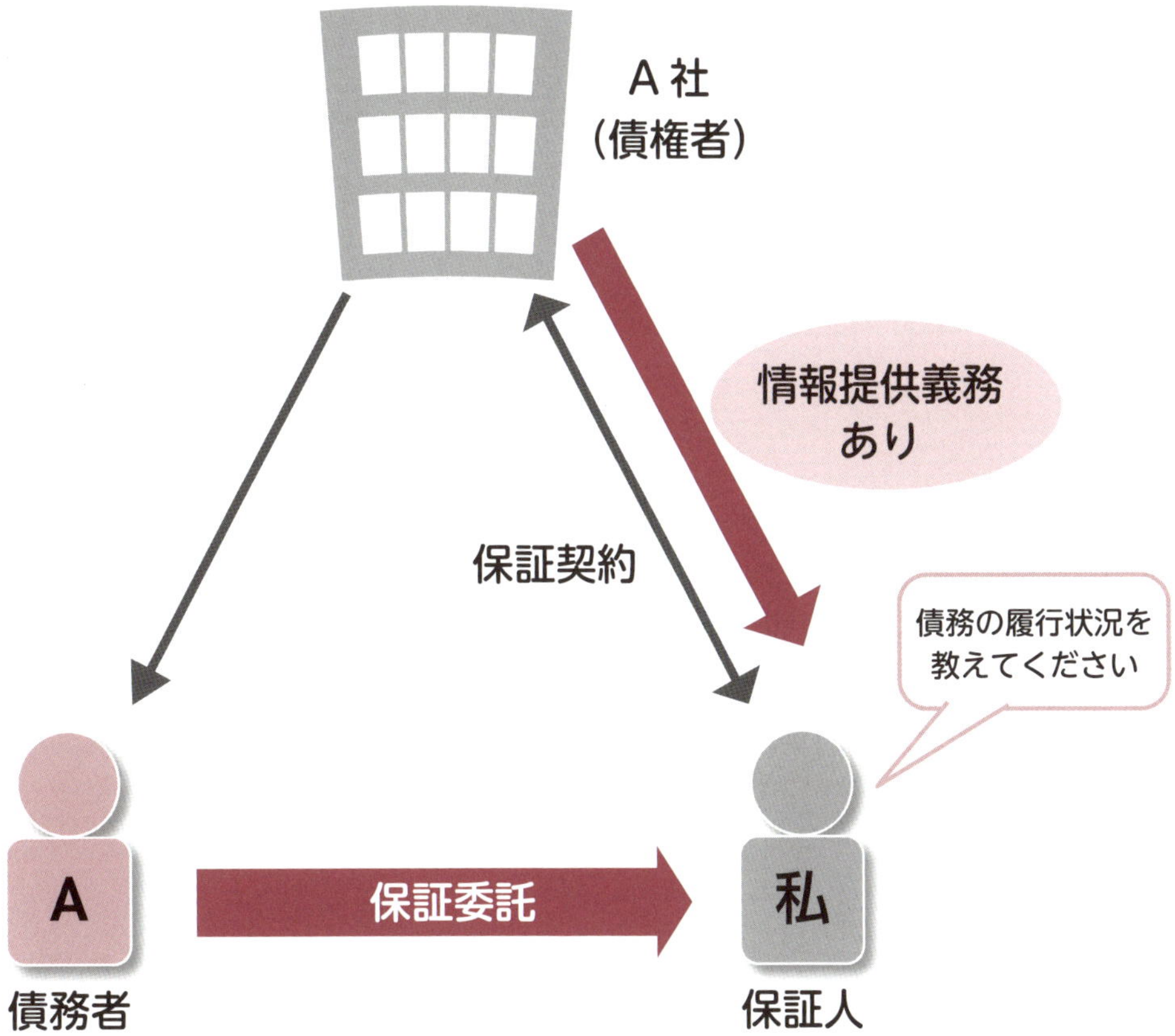

旧法 委託を受けた保証人が、債権者に対して主たる債務の履行状況を求めることができるという規定なし。

新法 債権者は、委託を受けた保証人からの請求に対し、主たる債務の履行状況に関する情報を提供することを義務化。
提供すべき情報は、元本、利息、違約金、損害賠償その他当該債務の従たるすべてのものの不履行の有無や残額等に関する情報。

用語解説

期限の利益：たとえば、令和元年11月30日、100万円の機械をAさんが取引先から購入することになり、毎月20万円ずつ、令和元年11月30日から令和2年3月まで毎月末日限り、5回の分割で代金を支払う事例を考えてみましょう。
Aさんは本来は100万円の機械を購入するには100万円を準備する必要がありますが、分割の約束をすることで、11月末の時点では20万円を支払えばよく、80万円については、分割支払いの日まで、その支払いを猶予されていることになります。これを期限の利益といいます。

期限の利益喪失：通常、分割支払いの契約をする際には、契約の中に、たとえば2回以上の支払いを怠った場合には、その時点で全額の支払いをしてもらうという約束が記載されています。左記事例において、Aさんが12月と1月の支払いを怠ったとすると、その時点で期限が来ていない40万円を含め、80万円全額を支払わなければならなくなります。これを期限の利益喪失と言います。

9 法定利率が変更されると、交通事故における遅延損害金にも影響があるの？

―法定利率に関する見直し

〈法定利率〉

Q 令和2年5月1日、交通事故にあいました。現在、相手方と損害賠償の金額について協議を行っているところですが、協議が整わないため、訴訟で請求をすることになりました。
損害賠償請求では、遅延損害金の請求もできると聞きましたが、どの程度の利率での請求ができるのでしょうか。

A 新法により、従前5％とされていた法定利率が見直され、施行日（令和2年4月1日）から3年は3％で、それ以降は一定の条件の下で変動することとされました。本件の場合、事故日が施行日後になるため、新法が適用されます。したがって、不法行為の翌日から起算して支払済みまで、年3％の割合による遅延損害金が発生することになります。

❶法定利率とは

金銭債務が履行できない場合の損害賠償の額は、民法で「法定利率による」と規定されています（ただし、約定利率が法定利率を超える場合には、約定利率となります）。ここでいう法定利率とは、利息が生じる債権について、当事者間で利率が約定されていない場合に適用される利率のことをいいます。

たとえば、お金を貸す際の契約書において、返済を遅延した場合の遅延損害金の利率について、法定利率を超える約定をしていない場合には、法定利率が適用されることになります。

また、交通事故のような不法行為に基づく損害賠償請求権の利率は、通常、当事者間で利率の約定をしていることは考えられません。したがって、こうした場合も、この法定利率が適用されることとなります。

❷改正点

①改正の経緯

旧法では、404条において、法定利率は年5％と規定されていました。また、商法では別途、514条で「商行為によって生じた債務の法定利率については、例外的に年6％」とされていました。ちなみに民法の法定利率のことを「民事法定利率」、商法の法定利率のことを「商事法定利率」といいます。

ご存知のとおり、日本では長期にわたって市中金利が低金利で推移し続けています。そのため「そうした状況にかんがみると、法定利率は不合理なほど高率ではないか」という指摘がなされるようになりました。また、「法定利率を固定化してしまうと、将来、市中金利と大きく乖離してしまうおそれがあるので、合理的な変動の仕

表1●改正のポイント

改正前	改正後
利息についての特約がない場合の法定利率は、年5％で固定（旧法404条）。	利率についての特約がない場合の法定利率は、改正当初3年間は年3％であり、その後、3年ごとに変動する変動利率性となる（新法404条1項～5項）。
	3年ごとの法定利率は、法務大臣が告示する基準割合（5年間各月の短期貸付金利の合計を60で除したもの）を用いて計算する。

図1●変動のシミュレーション

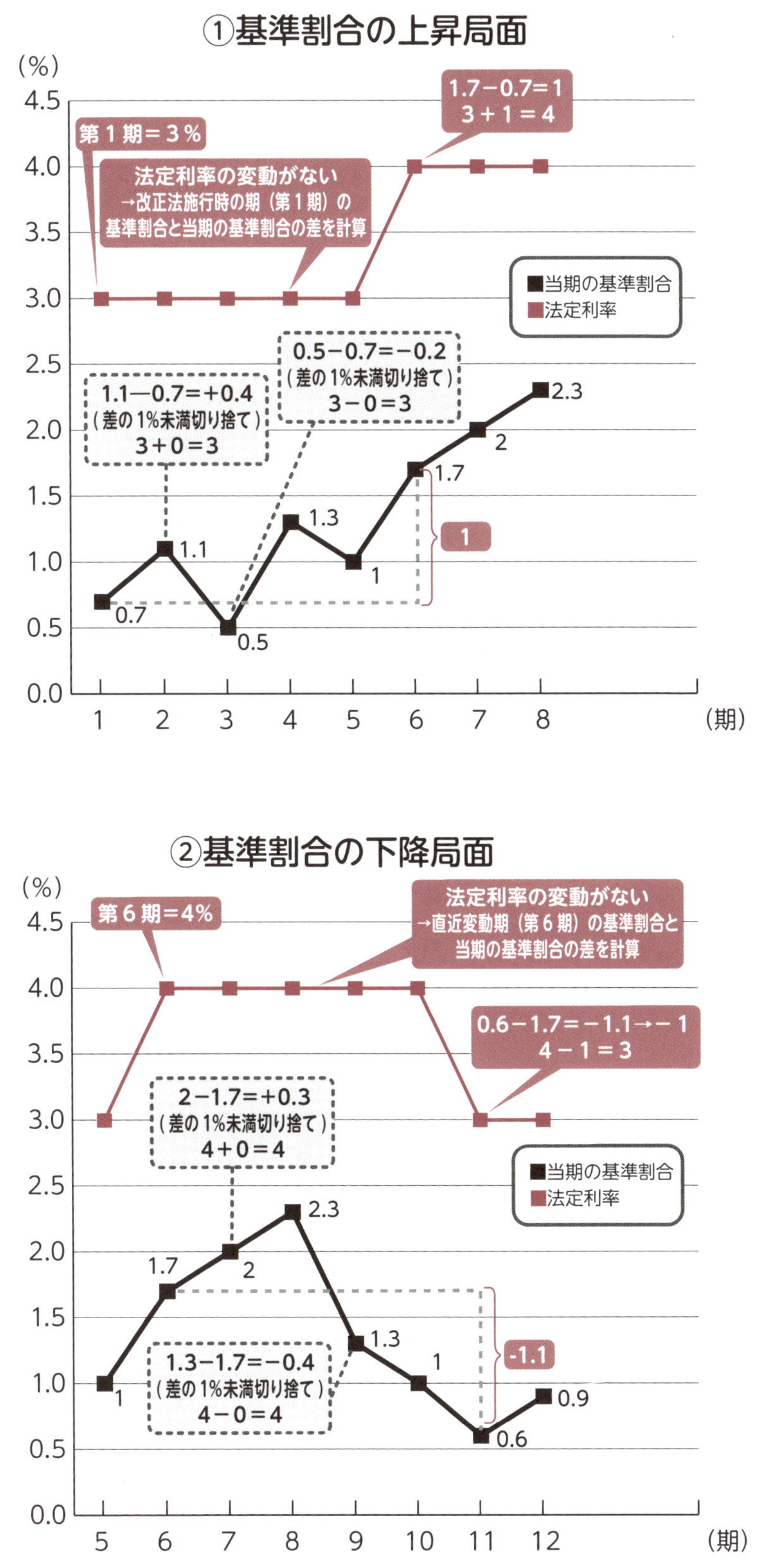

（出典）法務省民事局説明資料 P.14

組みをあらかじめ法律で定めておく必要があるのではないか」、さらには「商行為によって生じた債務を、特別扱いする合理的理由は乏しいのではないか」といった指摘もなされたことから、今回、法定利率が改正されることとなったのです。

②改正の概要

この点に関する新法の大まかな改正点は2つ。1つは旧法で固定性だった法定利率を変動性にかえるとともに、法定利率が3％に設定されたこと（新法404条2項）。もう1つは、民事法定利率、商事法定利率の区分をなくすべく、商事法定利率を廃止したことです。

③変動性の内容

ここでは、具体的にどのように変動するのかについて、説明します。

まず、変動する時期ですが、3年を1期として、1期ごとに変動します（新法404条3項）。そして、日本銀行が公表している貸出約定平均金利の過去5年間における短期貸付けの平均金利（日本銀行のHPで確認できます）の合計を60で除して計算した割合（0・1％未満は切捨て）を「基準割合」とし、直近変動期の「基準割合」と当期の「基準割合」との差（0・1％未満は切捨て）に相当する割合を、直近変動期における法定利率に加算し、または減算する方法で変動することになります（新法404条4項、5項）（図1参照）。

なお、ここで過去5年間というのは、各期の初日の属する年の6年前の年の1月から前々年の12月までの各月のことをいいます。

以上を前提にして、具体例をもとに説明します。

図2●中間利息控除のイメージ

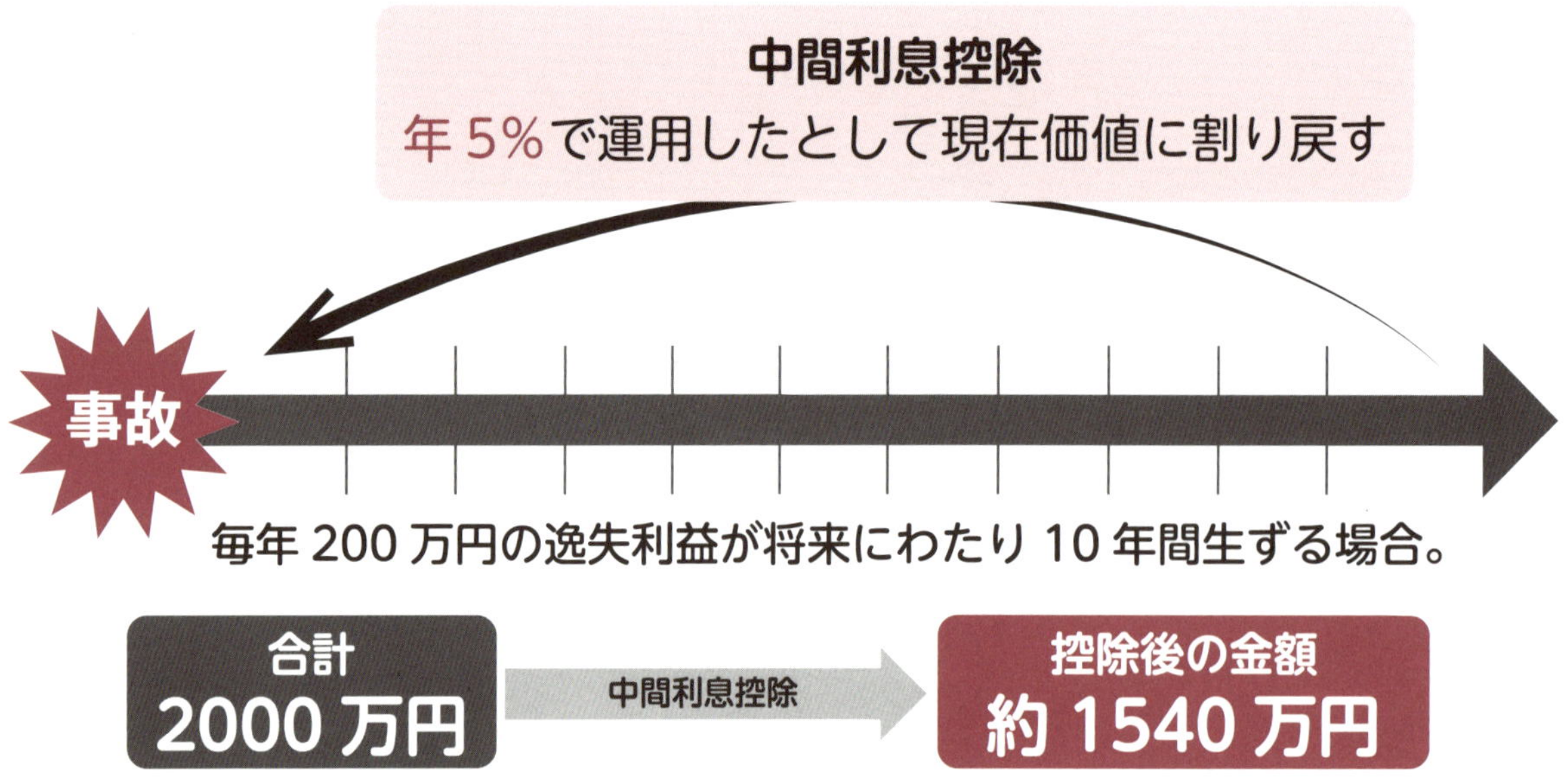

（出典）法務省民事局説明資料 P.15

新法が施行される日が令和2年4月1日なので、第1期は令和2年4月1日～令和5年3月31日となり、この期間の法定利率は前述のとおり3％です。

そして、第2期は、令和5年4月1日が期の初日となるため、過去5年間というのは、6年前の平成29年1月から前々年である令和3年12月の各月ということになり、この5年間の日本銀行が公表している貸出約定平均金利の短期貸付けの平均金利を合計して、60で除して算出される数値が当期の基準割合となります。仮に、この当期の基準割合が4％であった場合には、直近変動期の基準割合である3％との差である1％が3％に加算された数値「4％」が第2期の法定利率となります。

④基準時

1つの債権に適用される法定利率は、利息が生じた最初の時点における法定利率によることとされるため（新法404条1項）、その後に法定利率が変動しても影響を受けません。また、金銭債務の不履行の場合の法定利率も、遅滞の責任を負った最初の時点の法定利率となるため（新法419条1項）、たとえば交通事故の損害賠償の遅延損害金の法定利率は事故時の法定利率が適用され、その後に法定利率が変動しても影響は受けません。

⑤中間利息控除

法定利率の改正を受けて、中間利息控除における控除の割合も影響を受けることになります。

ここでいう中間利息控除とは、不法行為等による損害賠償の場合に生じうる概念です。

たとえば、交通事故によって後遺障害が発生し、将来の労働が制限される状態になったとします。この場合、将来得られたはずの収入（利益）、つまり「逸失利益」という損害が発生するので、慰謝料等とともにその損害の賠償も請求することが可能です。ただし、理論上、本来は将来受け取るはずであったものを先に損害賠償で受け取ることになるため、運用益を割り戻す（控除する）必要があります（図2参照）。

この際の控除を中間利息控除といい、控除の割合は最高裁の判例で、法定利率によるとされています。

新法では、この中間利息控除の割合についても、変動性の法定利率（交通事故の場合には事故時の

図3 ●交通事故事案における損害額算定の一例

（事案）22歳のサラリーマンが交通事故で死亡した事案

※損害額算定の基礎となる数値などについて、移動可能年数は67歳と認定、生活費控除率は0.5と認定、基礎収入は賃金センサス（平成24年）の大卒男子の全年齢平均を採用、弁護士費用は1割と認定、支払時まで事故時から2年と想定

現行法と改正法の異同（下図参照）

- ●慰謝料等 ➡改正の前後で変わらない。
- ●逸失利益 ➡法定利率の引下げにより、金額が増加する。
- ●遅延損害金 ➡法定利率の引下げにより、金額が減少する。

※遅延損害金は、慰謝料等を含む損害額の全額を基礎に算定される。

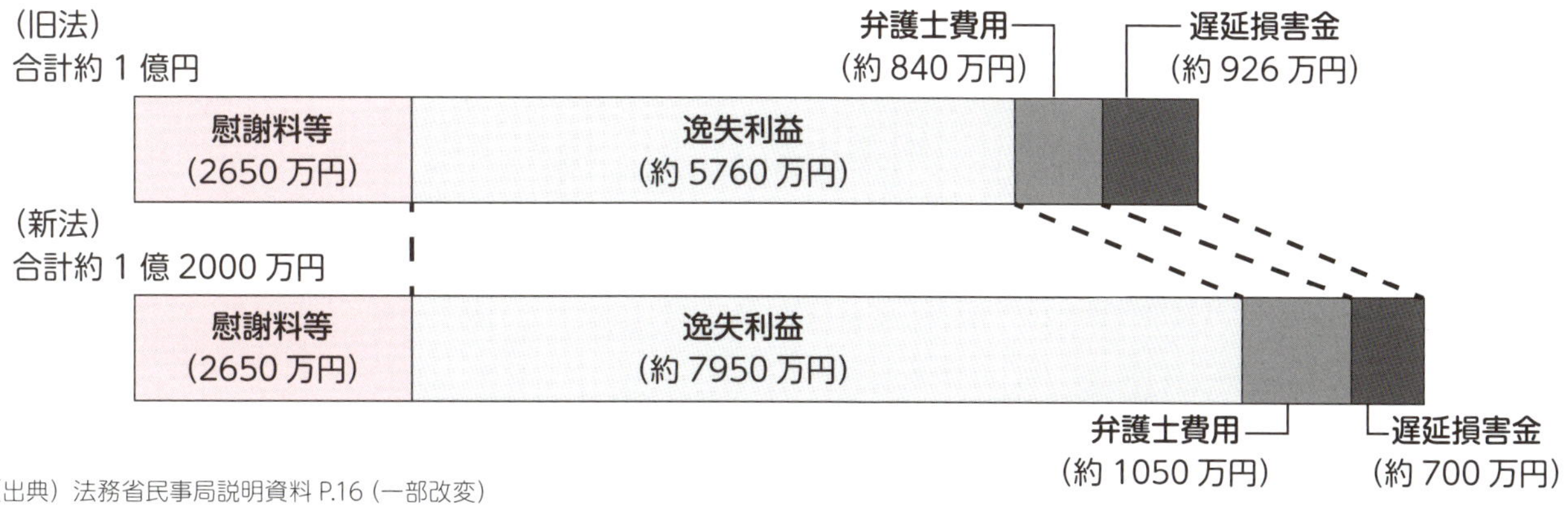

（出典）法務省民事局説明資料 P.16（一部改変）

法定利率とする）を採用することとされています（新法722条1項）。当然、中間利息控除の割合が年5％から年3％（ただし変動性）と引き下げられるわけですから、逸失利益の金額は増加することになります。つまり、損害賠償額自体、従前よりも高額化することが想定されます（図3参照）。

❸実務への影響

前述したとおり、法定利率はあくまで当事者間の約定がない場合に適用される利率です。したがって、当事者間で利率を合意している場合には、その約定利率が優先することになります。通常、契約書では遅延損害金について法定利率を超える約定を合意していることが多いため、契約当事者間で法定利率の適用がある場面は、それほど多くはないと思われます。

もっとも、交通事故等の不法行為の損害賠償請求権のように、当事者間で利率の合意をしていない場合には法定利率によることになるので注意が必要です。とりわけ、前述したとおり、逸失利益の算定における中間利息控除割合が変更されたことは、特に逸失利益が高額の場合に影響が大きくなると考えらます。

（古川純平）

10 譲渡してはならない旨の定めがある売買代金債権を譲渡することはできないの？

―譲渡制限特約付債権の譲渡（その1）

〈債権譲渡〉

Q 当社は、A社に対して売買代金債権を有しています。ただ同社との間で交わした取引基本契約の中に、当社のA社に対する売買代金債権を譲渡してはならない旨の定めがあります。この場合、当社は、この売買代金債権を譲渡することはできないのでしょうか？

A 債権者・債務者間の債権譲渡を禁止等する合意（譲渡制限特約）がある債権（預貯金債権を除く）の債権譲渡も有効なものとされました。

❶譲渡制限特約の有効性

債権譲渡とは、債権者の債務者に対する債権を、譲渡人（債権者）・譲受人との間の債権譲渡契約（売買等）により、譲受人に移転することをいいます。このような債権譲渡は、弁済期前の債権の金銭化や、担保化（譲渡担保）等、譲渡人（債権者）の資金調達を目的として行われます。

ご質問のような債権者・債務者間の債権譲渡を禁止等する合意を、「譲渡制限特約」といいます。旧法では、この「譲渡制限特約」のある債権を債権譲渡しても、原則、無効になると解されていました。これに対して、以下の問題点が指摘されていました。

1つは、実務上、債権譲渡に必要な債務者の承諾を得られないことが少なくないこと。もう1つは、債権譲渡が無効となる可能性が払拭しきれないため、譲渡（担保設定）にあたって債権の価値が低額化することです。

このような問題意識を踏まえ、新法では、「譲渡制限特約」のある債権の債権譲渡も「効力を妨げられない」、すなわち有効なものと整理されました（466条2項）。ただし、預貯金債権については、従来どおり、原則無効となります（466条の5）。

一方、「譲渡制限特約」に関して債務者が通常いだく「見知らぬ者に対して弁済したくない」との期待（弁済の相手方を固定する期待）を保護するため、新法では、債権の譲受人が「譲渡制限特約」の存在について、悪意・重過失がある場合には、債務者は、その譲受人に対する債務の履行を拒むことができるとされています（図2参照）。

加えて、このような場合には、債務者は、譲渡人に対する弁済等をもって、譲受人に対抗することができるとしています（466条3項）。つまり、債務者は、原則として譲渡人（元の債権者）に対する弁済等をもって免責されることになります。

では、債務者が譲渡人に対して債務を履行しない場合、どうなるのでしょうか。

新法では、債務者が債務を履行しないとき、譲受人は、債務者に対して、相当の期間を定めて譲渡人へ債務を履行するよう催告し、そのうえで、その期間内に債務者から譲渡人に対して債務の履行がない場合は、債務者は譲受人に対して直接債務を履行しなければならないものとすることで、譲受人の保護を図っています（図3参照）（466条4項、図1参照）。

❷譲渡制限特約違反による契約解除問題

ここまで「譲渡制限特約」のある債権の債権譲渡の有効性等について見てきましたが、そもそも「譲渡制限特約」のある債権を債権者が債権譲渡することが、債権者・債務者間の「譲渡制限特約」に違反するものとして、債務者が、債権者に対して債務不履行による契約解除を要求することはできるのでしょうか？ 仮にこのような契約解除が可能だとすると、債権者

●図1

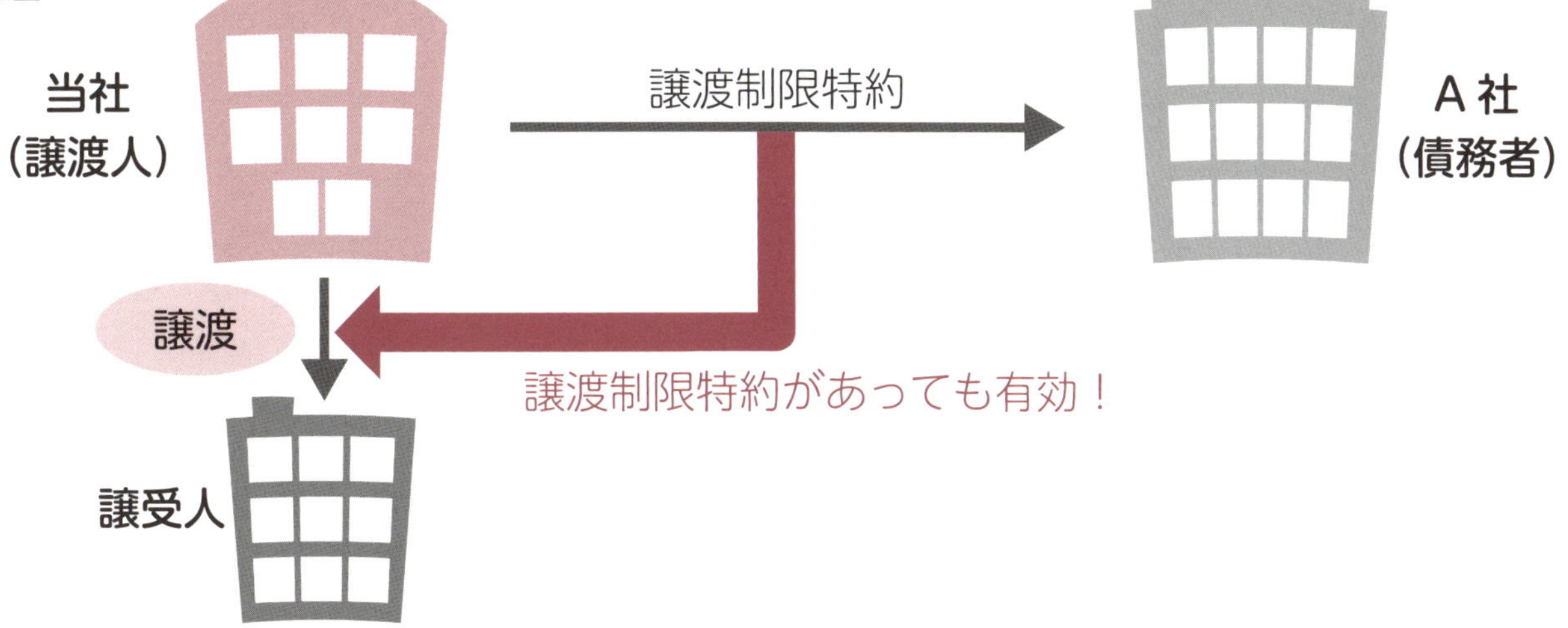

●図2

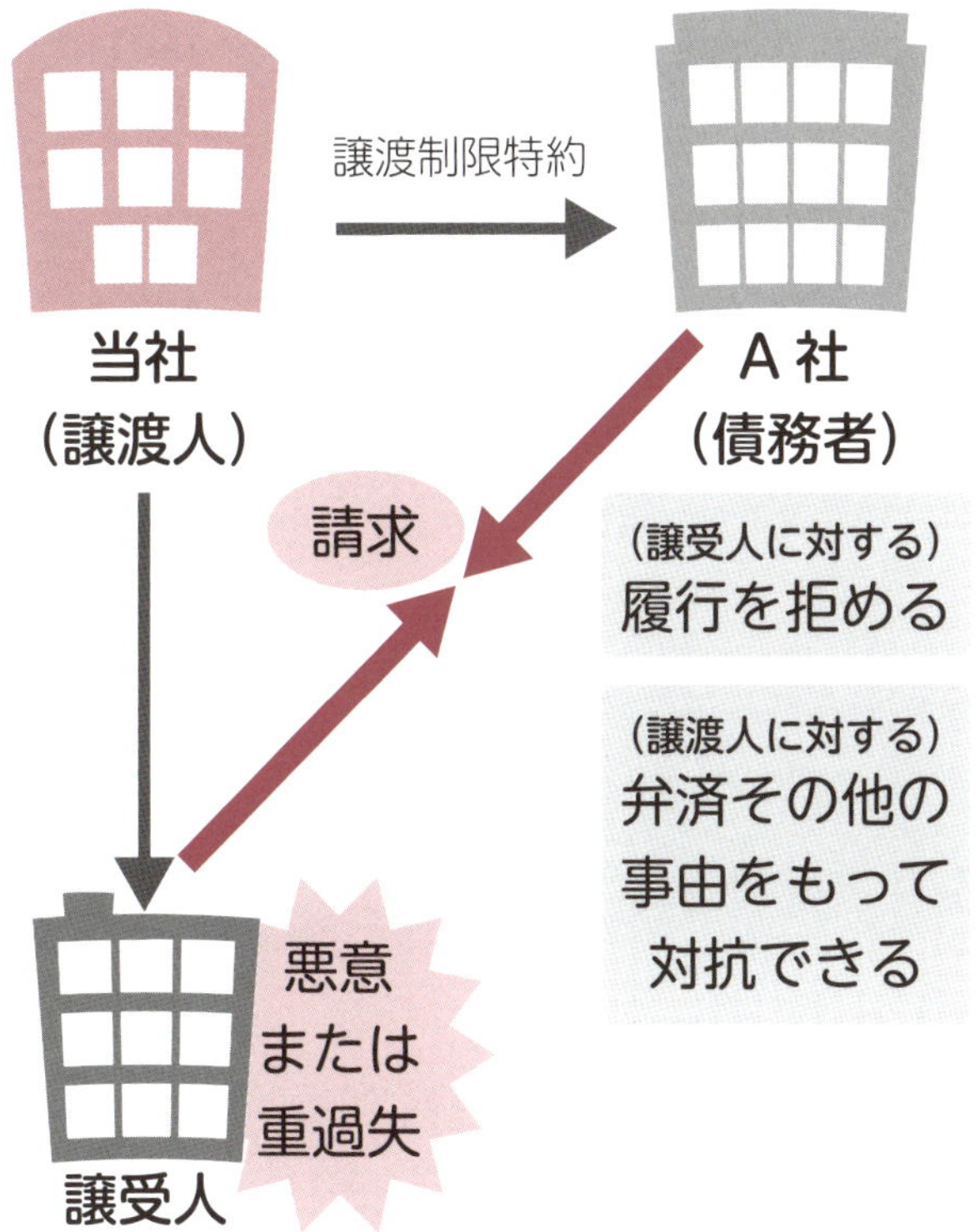

●図3

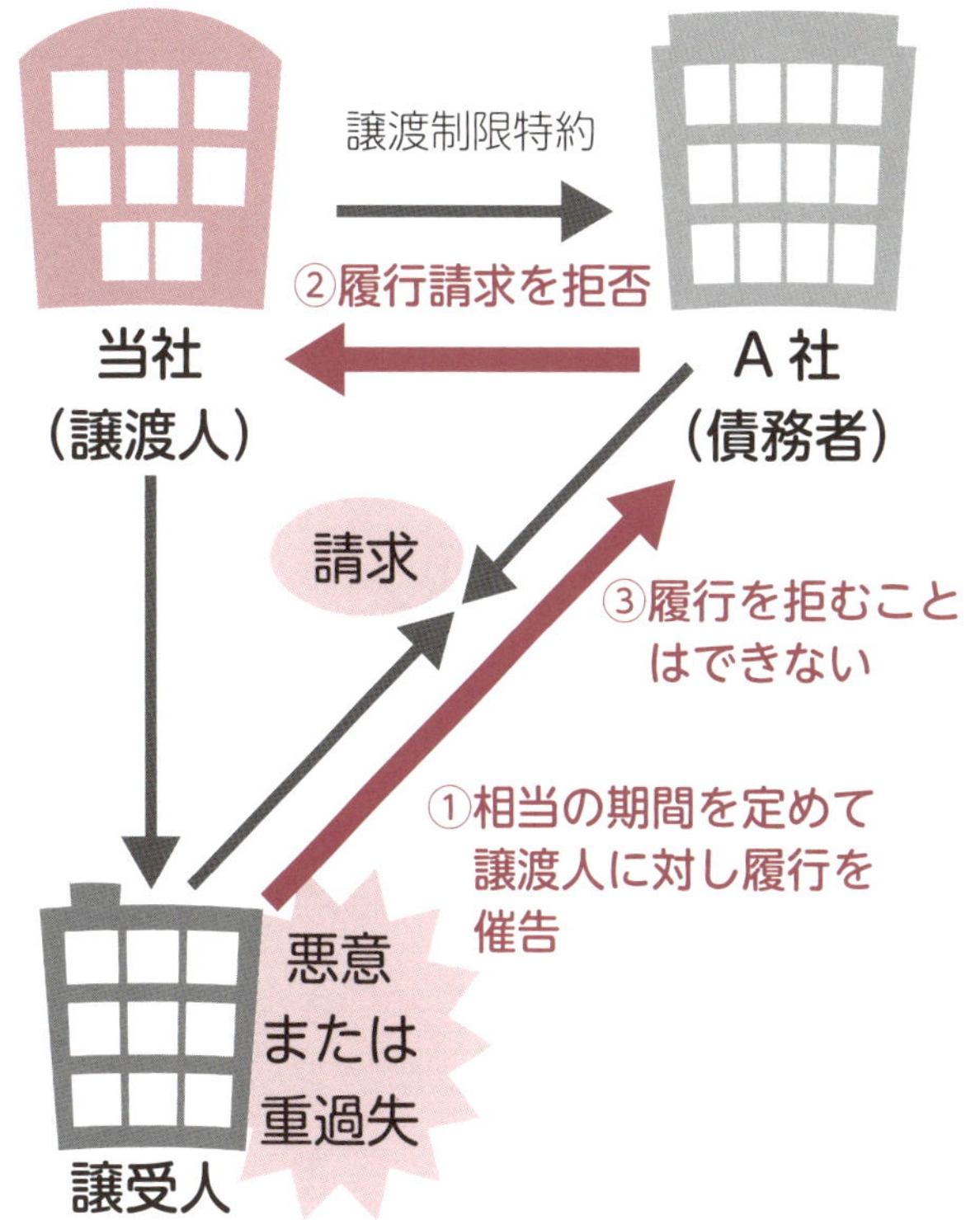

にとって債務者から取引を打ち切られるというリスクが生まれますし、譲受人にとっても、契約解除により債権が発生していないと主張されるおそれが生じます。したがって、そのような債権を譲り受けること自体、困難になってしまいます。

この解決は、新法下での裁判所の判断（法解釈）に委ねられている状況です。つまり、裁判所の判断を待ってみないとわからないということです。

一方、法務省は、この点に関し、以下の解釈論を示しています。事実上、新法下での裁判所の判断（法解釈）に相応の影響を与えるものと考えられます。ぜひ参考にしてください。

○譲渡制限特約が弁済の相手方を固定する目的でされたときは、債権譲渡は必ずしも特約の趣旨に反しないと見ることができるため、そもそも契約違反（債務不履行）にならない。

○債権譲渡がされても債務者にとって特段の不利益はない。取引の打切りや解除を行うことは、極めて合理性に乏しく、権利濫用等に当たりうる。

（錦野裕宗）

11 譲渡制限特約の付された金銭債権が譲渡された場合、新たな供託原因を利用することはできるの？

―譲渡制限特約付債権の譲渡（その2）

〈債権譲渡〉

Q A社は、当社に対して売買代金債権を有しています。ただ同社との間で交わした取引基本契約の中に、A社の当社に対する売買代金債権を譲渡してはならない旨の定めがあります。

ところが、A社は、この定めに反し、この債権をB社に譲渡しました。当社としては、見知らぬB社に支払うのは気持ち悪いし、無用の争いに巻き込まれるのも嫌なので、供託をしたいと考えていますが、可能でしょうか。

A 譲渡制限特約の付された売買代金債権が譲渡されたときには、債務者は、その債権の全額に相当する金銭を供託できることになりました。

❶供託に関する改正

旧法下では、「譲渡制限特約」の付された金銭債権が譲渡された場合、譲受人が「譲渡制限特約」の存在を知っているとき（悪意）には、その債権譲渡は無効とされ、逆に「譲渡制限特約」の存在を知らなかったとき（善意）には、その債権譲渡は有効とされていました。

このように、譲受人の主観面に債権譲渡の有効性が左右されるため、債務者がこれを知ることができない場合に、弁済を行うべき相手方を間違うというリスクがありました。債務者としては、そうしたリスクをヘッジする必要があるため、実務上、債権者不確知を理由とした弁済供託（旧法494条後段）を活用してきました。

このような旧法下での運用を踏まえて、新法では、「譲渡制限特約」の付された金銭債権が譲渡されたとき、「債務者は、その債権の全額に相当する金銭を債務の履行地の供託所に供託することができる」（新法466条の2）という、新たな供託原因が創設されました（図1参照）。なお、この供託を行うか否かは、債務者の任意です（権利供託）。

一方、新法では、債権譲渡に関し、もう1つ新しい供託原因を創設しています。それは「譲渡制限特約」の付された金銭債権が譲渡されたときで、かつ譲渡人に破産手続開始決定があったときは、「譲受人は債務者に対して、その債権の全額に相当する金銭を債務の履行地の供託所に供託させることができる」とされたことです。この規定により、譲受人から債務者に対してこのような請求があった場合には、債務者は義務として供託を行う必要があります（義務供託）。

なお、これらの供託を行った債務者は、遅滞なく、譲渡人および譲受人に供託の通知をしなければなりません。また、この供託金は譲受人に限り、還付を請求することができるものとされています（図2参照）。

❷供託以外の主な改正点

ここからは、供託以外の主な改正点について説明します。

まずは、将来債権の譲渡です。新法では、過去の判例を踏まえ、将来発生する債権の譲渡が可能であること（新法466条の6）、将来債権の譲渡についても、通常の債権譲渡と同様の方法によって対抗要件を具備することが可能であることを明文化しています（新法467条）。

そして、「譲渡制限特約」との関係では、譲受人の債務者対抗要件具備時までに「譲渡制限特約」が付されていたときは、譲受人はこれを知っていたものとみなす、とされました（新法466条の6第3項）。

他方、債務者対抗要件が具備された後に「譲渡制限特約」が付された場合に関する明文の定めはありません。しかし、「譲渡制限特約」は債権譲渡時点では存在しませんので、当然に譲受人は善意・無重過失であり、通常、「譲渡制限特約」の効力を譲受人が対抗されることはないもの、と考えられます。

次に、債務者の承諾について説明します。旧法では、債務者が異議を留めないで、債権譲渡の承諾をしたときは（無留保承諾）、たとえ譲渡人に対抗することができる事由があったとしても、債務者は譲受人に対抗することができないものとされていました。これに対して、「債権譲渡を承諾したことのみをもって、自らの抗弁を主張できなくなるという大きな不利益を伴う法的効果が発生することは、社会通念に必ずしも合致しているとはいえない。債務者にとって酷である」との指摘がなされていました。そのため、新法では、このような異議をとどめない承諾の制度は廃止されました。したがって、譲受人が、「債務者が譲渡人に対して有している抗弁を主張されないようにする」ためには、これを放棄する旨の債務者の意思表示を受ける必要があります。

最後に、相殺について説明します。新法では、対抗要件具備前に債務者が取得した譲渡人に対する債権があれば、その債権をもって相殺をすることができるものとされました（新法469条1項）。加えて、対抗要件具備後に債務者が取得した譲渡人に対する債権についても（ただし、他人の債権を取得した場合は除く）、①その債権が対抗要件具備時より前の原因に基づいて生じたとき、または②その債権が、譲渡債権の発生原因となった契約に基づいて生じたものであるとき、には相殺が可能なものとすることで、債務者の合理的な相殺への期待を保護しています（同条2項）。

（錦野裕宗）

●図1

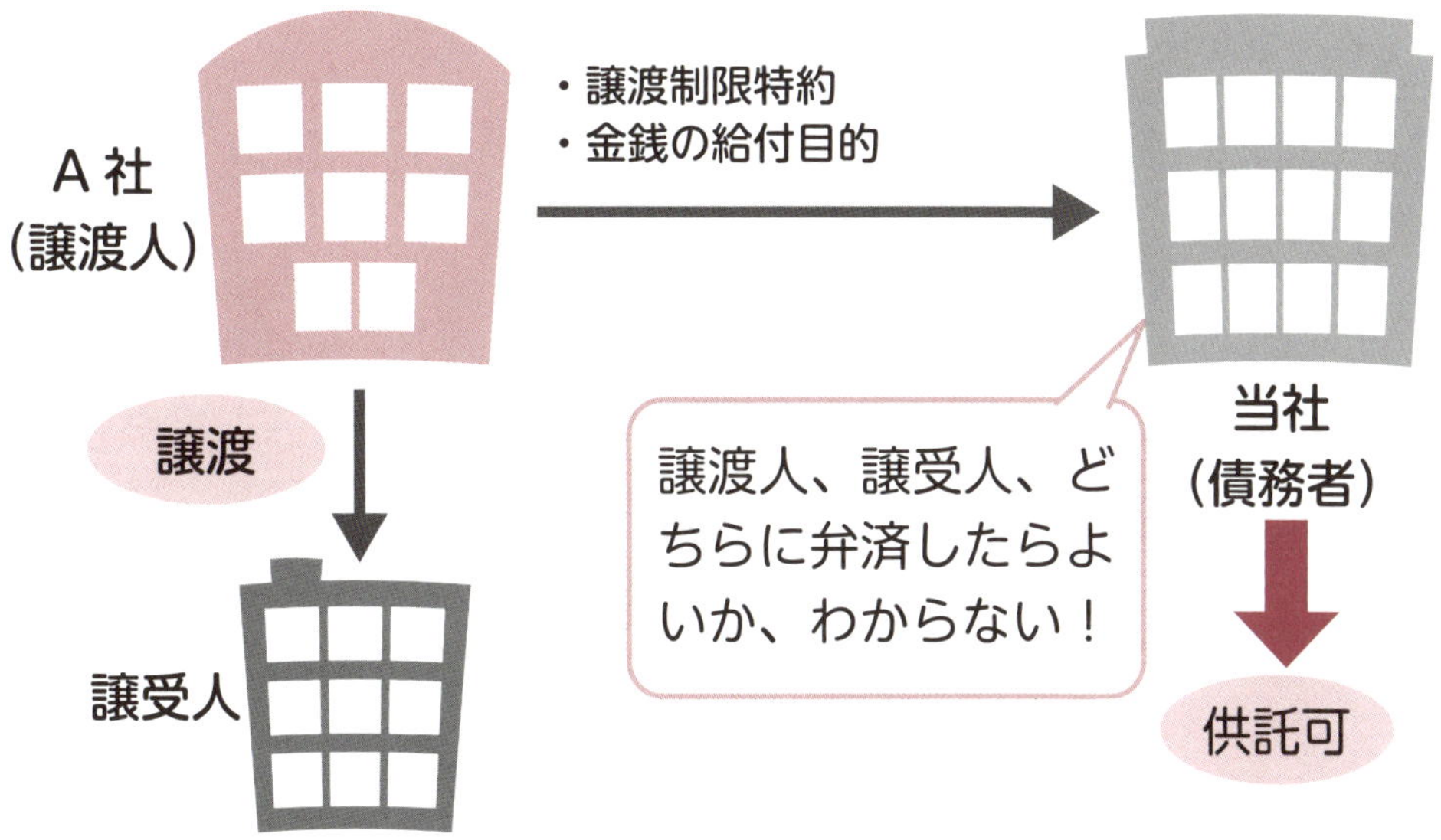

●図2

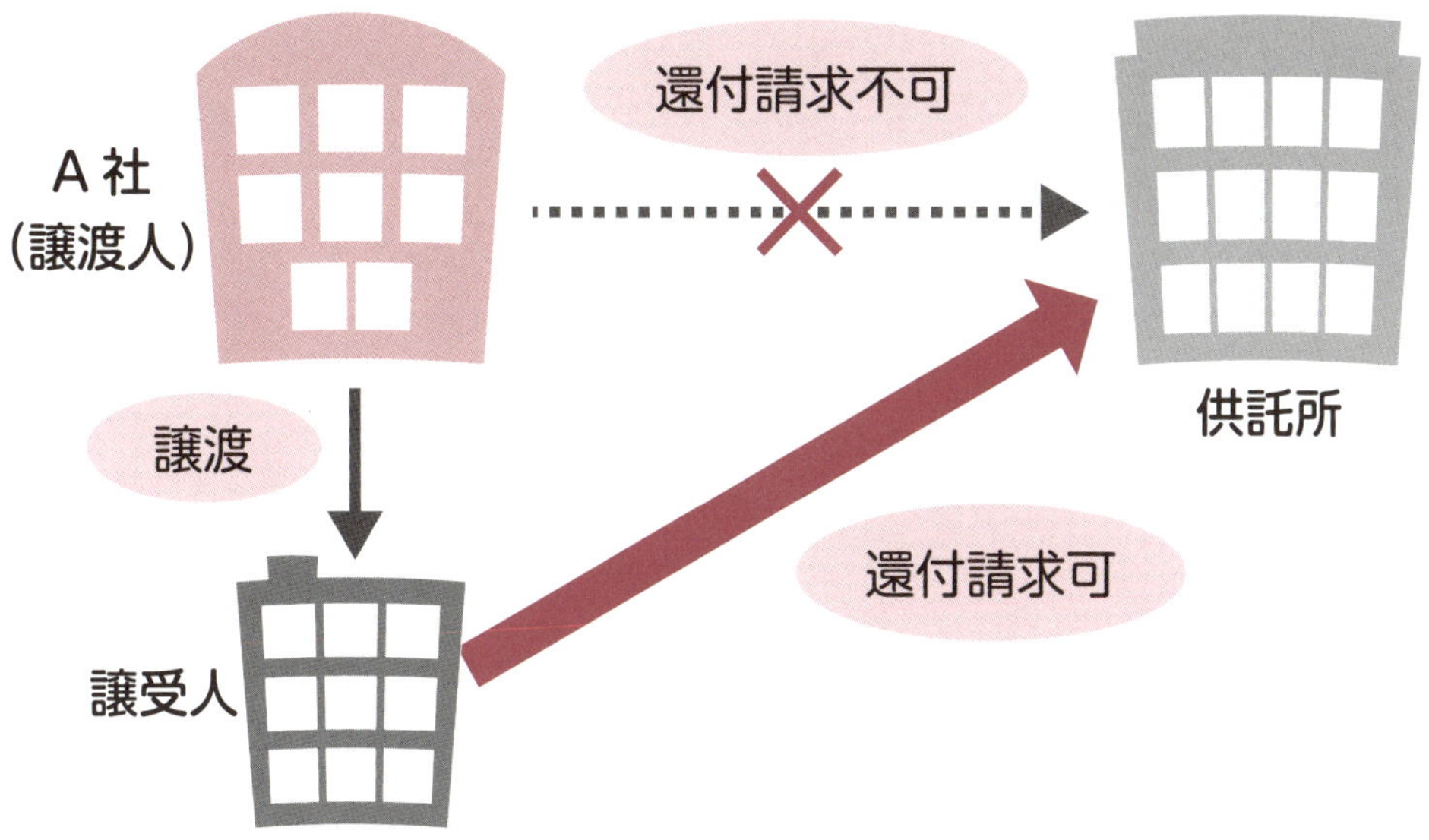

12 あらかじめ詳細な契約条項を定めた「約款」を用いた取引に関するルールが変わるの？

―定型約款に関する規定の新設

〈約款〉

Q 私は今まで各種カードの申込みやインターネットサイトを利用する際に「利用規約に同意します」というような記載や表示を何度も目にしても、特に気にすることもなく手続きを進めていました。今回、新法では、このような場合に関するルールが定められたと聞きましたが、具体的にはどのようなことが定められたのでしょうか。

また、改めて「利用規約」を確認してみようと思うのですが、どこにあるのかわかりません。見せてほしいと頼むことはできますか。

A 利用規約のように画一的な取引条件を定めたものを、実務上、「約款」と呼んでいましたが、新法では「定型約款」の規定を新設し、定型約款がどのような場合に契約内容になるのかが明らかにされました。また、定型約款の内容の開示を求めることができる場合がありますが、実際にはウェブサイトで確認することが多くなるでしょう。

❶「定型約款」とは何か

私たちの日常生活においては、毎日のように、電車やバスを利用したり、ガスや電気・水道の供給を受けて利用したりしています。これらも法律的には、一定の契約関係が成立していることになるのですが、このように毎日大量に行われ、また、誰であっても基本的に同じ内容のサービスを受ける場合にまで、都度個別的な契約を行うことは現実的ではありません。

そこで、画一的な取引条件等をあらかじめ定めておき、これをすべての取引に適用するという運用が実務では行われていました。このような画一的な取引条件を定めたものを、実務上、「約款」と呼んでいました。

このような「約款」は、すでに私たちの日常生活に関わる法的なルールとして非常に重要な役割を果たしているにもかかわらず、実は、いままで民法には「約款」に関する規定がありませんでした。そこで、今回、新たに民法に「約款」に関するルールが定められることになりました。

なお、従来から用いられていた「約款」という言葉は、実務で用いられていた通称にすぎず、法律によって厳格に定義づけられたものではありませんでしたので、新法は、「定型約款」という用語を創設し、その定義を明確化することによって、民法が規律する対象を明らかにしています。

運送約款は
「定型約款」に該当

具体的には、鉄道・バスの運送約款、電気・ガスの供給約款、保険約款、インターネットサイトの利用規約等が「定型約款」に該当すると考えられています。

一方で、事業者間取引で利用されるような契約書のひな形や、労働契約のひな形等は、「定型約款」には該当しないと考えられています。

❷どのような場合に定型約款が契約内容になるのか(組入要件)

一般的には、契約内容を認識していなければ契約に拘束されません。しかし、前述のような日常生活において大量に行われる取引において、いちいち契約内容の細部まで確認しなければそれに拘束されない、という扱いは現実的ではありません。

そこで、新法では、取引を行う私たち自身が定型約款の内容すべてを認識していない場合でも、①定型約款を契約内容とすることに合意している場合、②定型約款を契約内容とする旨をあらかじめ私たちに表示していた場合のいずれかの場合において、定型取引を行う合意があれば、定型約款が契約の内容となることを認めています。

もっとも、このルールだけでは、私たちが知らない間に私たちにとって不利な条項が含まれてしまうおそれがあります。たとえば、売買契約において、本来の目的となっていた商品に加えて、想定外の別の商品の購入を義務づけるような条項がこれにあたります。新法は、私たちの利益を一方的に害するような契約条項を「不当条項」として、契約内容とはならないことを明確にし、私たちの保護を図っています。

❸「定型約款」の確認方法

定型約款を準備している側は、これから取引関係に入ろうとする相手方から請求があった場合には、遅滞なく、「相当な方法」で定型約款の内容を示す義務があります。(なお、私たちが定型約款を記載した書面の交付を受けていたような場合には、定型約款を準備している側の開示義務が免除されています)。

もし、定型取引を行う合意をする前に、私たちが定型約款を見せてほしいと求めたにもかかわらず拒まれたような場合には、その定型約款は契約内容にはならないこととされ、私たちの保護が図られています。

「相当な方法」としては、自社のホームページにあらかじめ定型約款の内容を記載し、そのホームページを閲覧するように促す方法が想定されていますので、実際には、定型約款が利用されるケースの多くの場合にウェブサイトが利用されるものと考えられます。定型約款の内容を確認したいような場合には、ウェブサイト等で確認することが多くなるでしょう。

(小林章博)

不当な抱き合わせ販売条項の場合

こんなものも
買わないと
いけないなんて
知らなかった
効果なし
購入不要

(出典)法務省「民法(債権法)改正パンフレット(全般)」P.5

Q 私が利用しているインターネットのサイト運営会社から、時々メールで「利用規約変更のお知らせ」というものが届きます。このように後から運営会社側の都合で利用規約を変更することはおかしいと前々から思っていたのですが、新法では後から定型約款の内容を変更することが正式に認められたと聞きました。そうなると利用規約の変更、特に私にとって不利な変更が増えるような気がして不安です。新法は、なぜ定型約款の内容を事後的に変更することを認めたのでしょうか。

A 新法は、いままで定型約款の変更に関する規制がなかったところを、私たちの利益に反するような事後的な変更を認めないなど事後的に変更することができる場合を法律上明確にすることにより私たちの保護を図っています。事後的に一方的に不利益な内容への変更を押しつけることを認めているわけではありませんので、ご安心ください。

❶「定型約款」の内容変更を認める必要性

私たちの日常生活は、日々新しいサービスが提供されるなど刻々と変化しています。これに伴い、取引関係のルールを見直す必要が生じることもありますし、新たな法規制が行われることもあります。このような場合、民法の一般的な原則に従うと、契約内容の事後的な変更にあたるため、個別に相手方の承諾を得なければならないことになります。

しかし、大量の取引を行っているような場合に、個別的に承諾を得るということは現実的には不可能な場合もあります。また、私たちの側からみても、ルールの見直しが生じるたびに個別的な承諾をしなければならないというのは、大きな負担になると考えられます。

このような点から、個別の承諾を要求することなく、簡便な方法で「定型約款」の内容を認める必要性が高いと考えられます。

❷「定型約款」の内容変更に潜むリスク

いままで実務上用いられていた約款では「この約款は当社の都合により変更することがあります」というような規定が置かれているケースが多くありました。そもそも、このような条項が法的にみて有効かどうかについて必ずしも明らかでなかったうえ、もし、この条項が有効であったとしても、相手方当事者の都合だけで変更されてしまうとなると、私たちが知らない間に取引ルールが私たちにとって不利な内容に変更されるおそれがあります。

このように、私たちの個別承諾がないままに一方的な変更を自由に認めてしまうことには、私たちにとって一定のリスクが潜んでいるとも考えられます。

❸「定型約款」の有効な変更が認められる場合

新法は、個別的な承諾なく定型約款の変更を認める必要性と、私たちが一方的に不利な立場に置かれてしまうリスクの払しょく（私たちの利益保護）の観点からバランスを図った結果、次のいずれかの場合についてだけ、私たちの個別の承諾がなくても定型約款の内容を有効に変更できるというルールを定めました。

①定型約款の変更が私たちの一般の利益に適合するとき

②変更が契約の目的に反せず、かつ変更の必要性、変更後の内容の相当性、定型約款を変更することがある旨の定めの有無およびその内容その他変更にかかる事情に照らして合理的な場合

2つ目の要件は少し難しい言葉が入っていますが、私たちが知らない間に一方的に不利益な内容を押しつけられることがないように配慮されていると考えるとよいでしょう。

❹定型約款の変更は周知される

定型約款の変更をするときは、その効力発生時期を定めたうえで、定型約款を変更する旨、変更後の定型約款の内容ならびにその効力発生時期をインターネットの利用その他の適切な方法で私たちに周知することが義務づけられています。したがって、私たちがまったく知らないうちに定型約款が変更されてしまう心配はあまりありません。

以上のとおり、私たちの保護を考えたうえで定型約款の変更ルールが定められていますので、事後的に定型約款が変更されることについて、あまり心配する必要はないでしょう。

（小林章博）

事業者
当社の都合により契約内容を改訂させていただきます！！
顧客
え～、そんな～
?
民法のルールに従ってする必要があります

（出典）法務省「民法（債権法）改正パンフレット（全般）」P.6

定型約款に関する新法の規定は遡及適用される？

①経過措置に関する新法の基本的な考え方

新法の経過措置の基本的な考え方は、新法施行日前に締結された契約には旧法が適用されるというものです。

②定型約款に関する規定の遡及適用

定型約款に関する新法の規定は、旧法下で締結された定型約款についても原則として適用されます。これは、今までは定型約款に関する規定がなかったことから、合理的な新法の規定を適用することが当事者の利益のためになると考えられたこと、また、定型約款は画一的な取引を行うために利用されているにもかかわらず、契約の締結時期によって新法が適用されたりされなかったりすると、画一的な取引ができなくなるおそれがあり適切ではないと考えられたことによります。

③反対の意思表示の方法

新法の遡及適用に対して、契約の当事者の一方（契約または法律の規定により解除権を現に行使することができる者は除きます）は、反対の意思表示をする余地が認められています。

具体的には、新法の施行日の前日である2020年3月31日までに、書面やメール等によって反対の意思表示をする必要があります。

④反対の意思表示をすべきか否か

適法に反対の意思表示がなされた場合、施行日後も旧法が適用されることになります。しかし、旧法には約款に関する規定はなく、確立した解釈もありませんので、法律関係は不明瞭となってしまいます。このような問題点を解消するために、新法では当事者双方の利益状況に配慮した合理的な制度が設けられていますので、新法が適用されるほうが基本的には皆様の利益に合致する（保護が図られる）と考えられます。したがって、反対の意思表示をする必要性は極めて低いといえるでしょう。

13 認知症の方が法律行為をした場合や間違いや勘違いで法律行為をしてしまった場合、どうなるの？

〈意思能力・意思表示〉

—動機錯誤に基づく売買契約の取消し

Q 当社は、A社から新築マンションを購入しました。この新築マンションの購入代金は1億円であり、近隣のマンションの価格と比べても割高でしたが、3年後に新築マンションの近くに大きな駅ができるとの情報があったために、このような価格が設定されていました。当社としましても、このマンションをファミリー向けの目玉物件として売り出す計画でした。

しかし、購入から半年後、なんと駅の建設予定が中止になってしまいました。駅の建設予定がなくなることを知っていれば、当社はこの新築マンションを1億円で買うことはありませんでした。

当社としては、A社に対して、支払ってしまった1億円を返してほしいのですが、そのようなことはできるのでしょうか。

A 貴社は、A社に対して、動機錯誤に基づく取消しによって、新築マンションの売買契約をなかったことにすると主張することが考えられます（新法95条1項2号）。

ただし、動機の錯誤については、動機である事情が法律行為の基礎とされていることが表示されていることが必要です（新法95条2項）。

したがって、本件では、貴社とA社との売買契約時に、「新築マンションの近くに大きな駅ができる」という事情が売買契約の基礎とされていることが表示されている場合に限り、動機錯誤に基づく売買契約の取消しが認められます。

駅近マンション建設中だったのに！

第1　意思能力

❶意思能力って何？

意思能力制度とは、意思能力を有しない者がした法律行為は無効となることをいいます。

意思能力とは、自分のしている行為の法的な意味を理解する能力をいいます。たとえば、4歳くらいの子どもや認知症を患っている方は、自分のしている行為の法的な意味を理解することができないため、意思能力を有しません。

❷意思能力がないとどうなる？

現在の民法では、意思能力に関する規定はありません。

しかし、判例・学説上は、「意思能力のない者が行った法律行為は無効である」との解釈は異論なく認められ、実際にも活用されています。高齢化社会が進展するなかで、意思能力制度の重要性はますます高まっています。

なお、意思能力制度に類似する制度として、成年後見制度があります。ただし、成年後見制度を利用するためには、事前に家庭裁判所の審判を得る必要があります（一方で、意思能力制度は、事前に家庭裁判所の審判を得ていない場合でも利用することができます）。

❸民法改正ではどうなる？

意思能力制度は、判例・学説上は異論なく認められ、実際にも活用されていますが、民法上の規定はありませんでした。

そこで、民法を国民一般にわかりやすいものとする観点から、民法改正により、「法律行為の当事者が意思表示をした時に意思能力を有しなかったときは、その法律行為は、無効とする。」との規定が明記されました（新法3条の2）。

また、意思能力を有しなかった者が相手方に対して負う原状回復義務の範囲は、「現に利益を受けている限度」にとどまると規定されました（新法121条の2第3項）。

第2　意思表示

❶意思表示って何？

意思表示とは、一定の法律効果を発生させるという意思を表示する行為をいいます。たとえば、「100円でチョコを買う」「月5万円で部屋を借りる」という意思の表示は、すべて法律上の意思表示に当たります。

そして、契約は、当事者の意思表示の合致によって成立します。Qでいうと、「1億円で新築マンションを買う」という貴社の意思表示と、「1億円で新築マンションを売る」というA社の意思表示が合致することで、貴社とA社との間で新築マンションの売買契約が成立することになるのです。

❷意思表示があれば契約が成立する？

上記のとおり、意思表示の合致があれば、私法上の契約は成立することとなります。

❸意思表示は取り消せない？

それでは、いったん意思表示を行った場合、その意思表示を取り消すことはできないのでしょうか。

実は、民法上、意思表示に問題があるケースとして、表1の5つのケースを列挙して規定しています。これらのケースに当たる場合、所定の要件を満たせば、意思表示は無効となり、もしくは意思表示を取り消すことができます。

❹民法改正ではどうなる？

（1）民法改正の内容

民法改正では、㋐心裡留保における第三者保護規定の新設、㋑錯誤の要件の明文化、㋒錯誤の効果につき「無効」から「取消し」への変更、㋓詐欺における第三者保護要件の見直しがされました。以下では、㋑と㋒の錯誤無効に関する改正について、解説します。

（2）錯誤の要件の明文化について

旧法95条は、錯誤による意思表示の無効が認められるためには、「法律行為の要素に錯誤があった」ことが必要であると規定しています。しかし、具体的に「法律行為の要素に錯誤があった」とはどういうことかについては、この規定だけでははっきりとわかりません。

この点について、判例では、ⓐ意思表示をした人が、錯誤がなければその意思表示をしなかったこと、ⓑ一般人であっても、錯誤がなければその意思表示をしなかったであろうと認められること、ⓒ

表1 ●意思表示に問題のあるケース

	内 容	事 例
心裡留保 (93条)	わざと、真意と異なる意思を表明した場合	退職をする意思はなかったが、反省の意を強調する趣旨で、退職届を提出した。
通謀虚偽表示 (94条)	相手方と示しあわせて真意と異なる意思を表示した場合	財産を債権者から隠すために、土地について架空の売買契約をした。
錯誤 (95条)	間違って真意と異なる意思を表示した場合（表示錯誤）	売買代金として¥10000000（1000万円）と記載するところ、¥1000000（100万円）と記載した契約書を作成してしまった（売主に錯誤）。
	真意どおりに意思を表示しているが、その真意が何らかの誤解に基づいていた場合（動機の錯誤）	3年後に近くに大きな駅ができることを前提に新築マンションを購入したが、駅の建設計画が中止になってしまった
詐欺 (96条)	だまされて、意思を表明した場合	有名な壺だと言われ、二束三文の壺を高値で買わされた。
強迫 (96条)	強迫されて、意思を表明した場合	強迫されて、不必要な土地を買わされた

（出典）法務省民事局説明資料 P.35（一部改変）

表示錯誤と動機の錯誤とを区別したうえで、動機錯誤については、その動機が意思表示の内容として表示されていることという要件が必要だとされています。しかし、「法律行為の要素に錯誤があった」との規定から、上記ⓐ～ⓒの要件を読み取ることは、普通はできません。

そこで、民法改正により、錯誤によって意思表示の効力を否定する要件が、明確に規定されることになりました。

新法95条では、Ⓐ意思表示が錯誤に基づくものであること、Ⓑ錯誤が法律行為の目的および取引上の社会通念に照らして重要なものであること、Ⓒ動機錯誤については、動機である事情が法律行為の基礎とされていることが表示されていることが要件であると規定されました。

(3) 錯誤の効果につき「無効」から「取消し」への変更

旧法では、錯誤による意思表示は「無効」と規定されています。意思表示の「無効」は、誰でも主張することができ、無効を主張することができる期間に制限はありません。

しかし、判例では、錯誤を理由とする意思表示の無効は、錯誤に陥っていた者だけが主張できるとされています。また、詐欺があった場合に意思表示の効力を否定することができる期間は5年間であるのに、錯誤があった場合に期間制限を設けないのはバランスを欠くという問題もあります。

そこで、新法95条では、錯誤の効果が「無効」から「取消し」に改められました。これにより、錯誤による取消しにも、主張することができる期間について、制限が設けられることになりました（新法126条参照）。

（西川昇大）

高齢者を狙う悪徳業者

高齢者の消費者問題に関する相談の数は、この10年間で非常に増えています。

高齢者の方は「お金」「健康」「孤独」の3つの大きな不安を持っているといわれています。悪徳業者は、言葉巧みに高齢者の方の不安をあおり、親切にして信用させ、年金や貯蓄などの大切な財産を狙います。高齢者の方は、自宅にいることが多いため、電話勧誘販売や家庭訪販による被害に遭われやすいのも特徴です。

高齢者の方を狙う手口としては、①電話勧誘販売（電話で商品やサービスを販売する方法）、②家庭訪販（家を訪問して商品やサービスを販売する方法）、③インターネット通販（インターネットなどのネットワークで販売する方法）、④かたり商法（有名企業や市役所などの関係者であるかのように思わせて商品やサービスを契約させる方法）、⑤無料商法（無料であることを強調して勧誘するが最終的に商品やサービスを購入させる方法）、⑥振り込め詐欺（オレオレ詐欺や架空請求詐欺など、電話やメールなどで指示してお金を振り込ませる方法）、⑦還付金詐欺（市役所や税務署などの職員を名乗り、医療費や税金などを還付する手続きであるかのように装ってお金をだまし取ろうとする方法）などがあります。また、他にも「マイナンバー詐欺」「リフォーム詐欺」「改元詐欺」「オリンピック詐欺」など、さまざまな手口の事件が発生しています。

このような手口による被害に遭わないためには、高齢者の方と家族の方がこまめに連絡を取ったり、知らない人からの電話や訪問は受け付けないようにしたりすることが有効です。

では、仮に被害に遭ってしまった場合、どうすればよいのでしょうか？

たとえば、高齢者の方が家庭訪販で望まない商品を買ってしまった場合、高齢者の方から、詐欺や錯誤によって契約を取り消す方法のほか、クーリングオフ制度を利用して返金を求める方法があります。また、認知症を患っている場合には、意思能力がないために契約は無効だと主張することもできます。

ただ、クーリングオフ制度の利用には、期間制限があります。たとえば、訪問販売の場合は、申込書面または契約書面のいずれか早いほうを受け取った日から8日を過ぎると、原則としてクーリングオフをすることができなくなります。また、悪徳業者は、お金を受け取るとすぐに連絡を取れないようにすることがあります。

被害に遭われてしまった場合は、まずは早めに近くの警察署や消費者センターにご相談されることをおすすめします。

14

債権回収が困難になるおそれがある場合に債務者の責任財産を保全するためのルールが変わったの?

—債権者代位権と詐害行為取消権

〈責任財産の保全〉

Q Aさんは、平成31年2月1日、返済日を令和元年10月1日として、Bさんに対して、50万円を貸し付けました。しかし、令和元年10月1日が経過しても、Bさんは、Aさんに、50万円を返済しません。

ところで、Bさんは、平成31年2月1日、売買代金の支払時期を平成31年3月1日として、Cさんに対して、大型液晶テレビを50万円で売りました。しかし、Cさんは、令和元年10月1日になっても、Bさんに対して、大型液晶テレビの代金50万円を支払っていません。また、Bさんは、Cさんに対する50万円の売買代金債権を除いてめぼしい財産がないにもかかわらず、Cさんに対して、この50万円の支払いを求めていません。この場合、Aさんは、Cさんに対して、Bさんに代わり直接自己に50万円を支払うことを求めることができるでしょうか（図1参照）。

A 今回の民法改正で、本件において、Aさんは、債権者代位権を行使して、Bさんに代わりCさんに対して、直接50万円の支払いを求めることができるというルールが明文化されました（債権者代位権の行使方法および債務者の処分権限の帰趨に関するもの）。

●図1

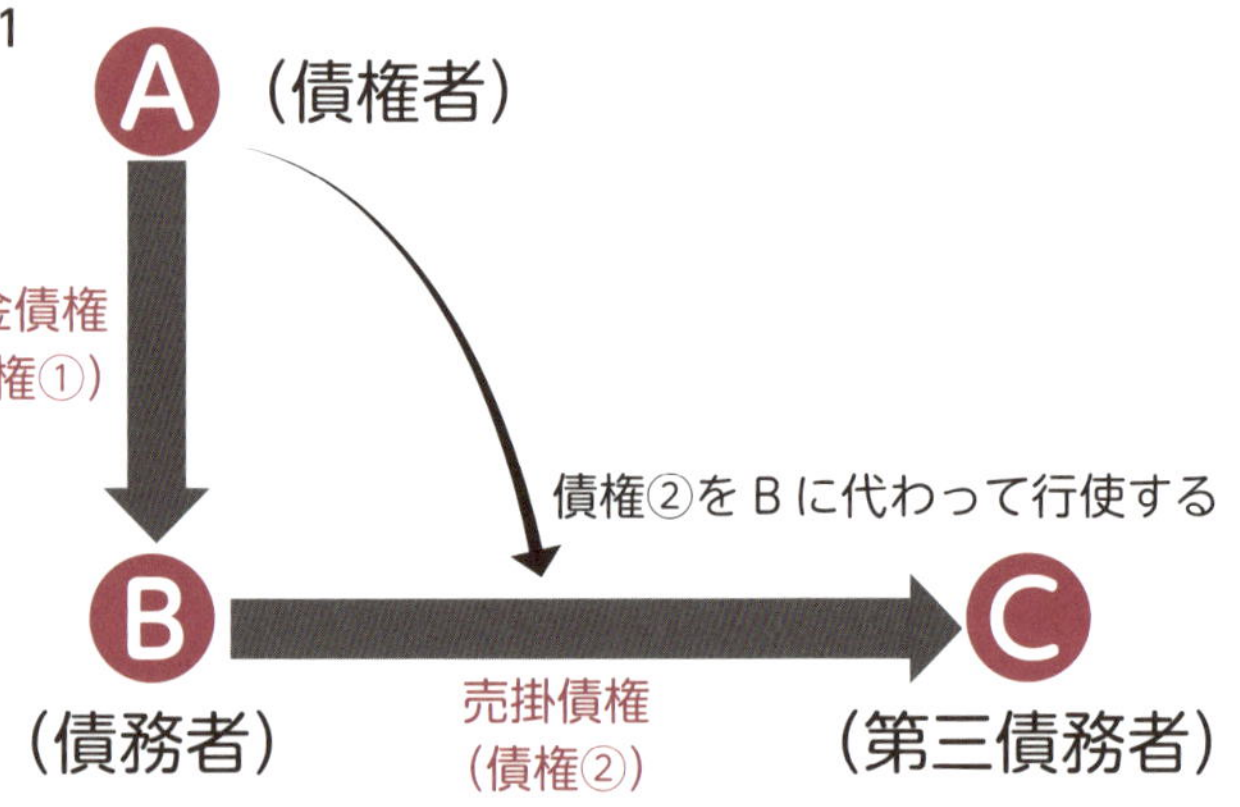

第1 債権者代位権

❶債権者代位権とは

債権者代位権とは、図1をもとに説明すると、A（債権者）がB（債務者）に対して貸金債権（以下「債権①」といいます）を有しており、B（債務者）がC（第三債務者）に対して売掛債権（以下「債権②」といいます）を有している場合に、BがAに対して貸金を返還せず、Bに、債権②以外にめぼしい財産がない場合に、AがBに代わって、債権②を行使して、債権①の回収を図ることができる、という制度です。

❷債権者代位権のどこが変わったのか

債権者代位権に関する改正事項としては、債権者代位権の要件等に関するもの、債権者代位権の行使方法および債務者の処分権限の帰趨に関するもの、登記・登録請求権を保全するための債権者代位権に関するもの、があります。

❸債権者代位権の要件等

債権者代位権の要件等に関する改正事項としては、一般的な解釈に従って、図1の例でいえば、Bに債権②以外にめぼしい財産がない状態、すなわち、債権の保全の必要性があること、が要件として明文化されました。

なお、AがBに対して有する債権が、強制執行により実現することのできないものについては、債権者代位権を行使できないこと、が明文化されました（新法423条

1項ただし書）。また、AがBに代わって行使する債権についても、同債権が差押禁止債権を代位行使することができないこと、が明文化されました（新法423条3項）。

❹登記・登録請求権を保全するための債権者代位権

登記・登録請求権を保全するための債権者代位権に関する改正事項として、判例や一般的な解釈に従って、債務者の責任財産の保全を目的としない、いわゆる「転用型の債権者代位権」に関する規定として、登記・登録請求権を保全するための債権者代位権について規定されました。詳しくは、新法423条の7をご参照ください。

❺その他の改正事項

上記以外にも、裁判上の代位制度（旧法423条2項）が廃止されました。また、債権者代位権の行使方法についても改正されており、これについては、新法423条の2から423条の6をご参照ください。

●図2

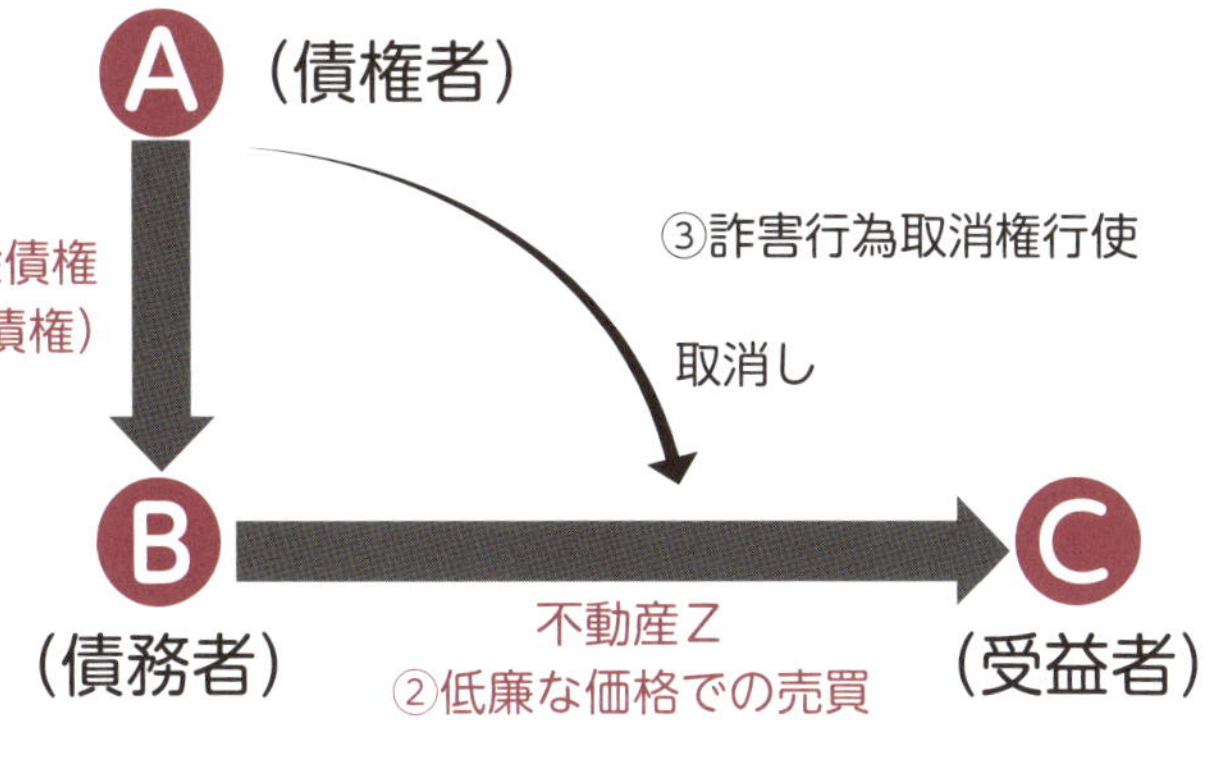

●図3

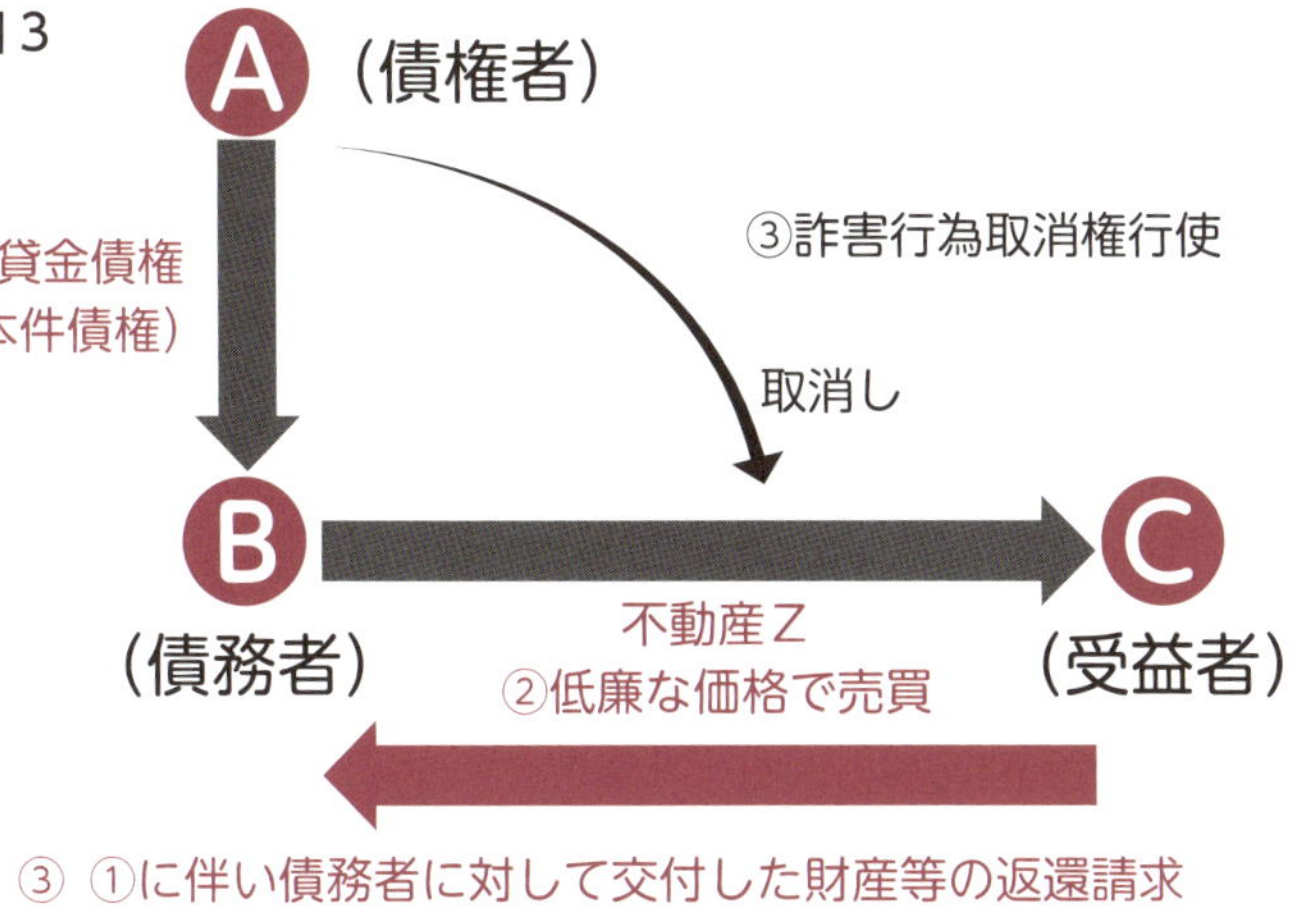

第2 詐害行為取消権

❶詐害行為取消権とは

詐害行為取消権とは、図2をもとに説明すると、A（債権者）が、B（債務者）に対して、貸金債権（以下「本件債権」といいます）を有しており、Bが唯一の財産である不動産Zを低廉な価格でCに売却した場合に、Aが、債権①を確実に回収するために、この売買契約を取り消すことができる、という制度です。

❷詐害行為取消権のどこが変わったのか

債権者代位権に関する改正事項としては、詐害行為取消権の要件に関するもの、詐害行為取消権の行使方法に関するもの、詐害行為取消権が行使された場合における受益者等の権利に関するもの、詐害行為取消権の期間制限に関するもの、があります。

このうち、以下では、詐害行為取消権が行使された場合における受益者等の権利に関するものについて説明します。

❸詐害行為取消権が行使された場合における受益者等の権利に関するもの

図3をもとに説明しますと、B（債務者）が、C（受益者）に対して、不動産Zを低廉な価格で売買したことについて、A（債権者）が詐害行為取消権を行使した場合には、C（受益者）は、売買契約に基づいてCがBに対して支払った代金相当額の返還を求めることができると規定しました（新法425条の2、425条の4第1号）。これは、Aにより、詐害行為取消権が行使された結果、BとCとの間の売買契約が取り消され、契約関係の巻き戻しが生じることを明確にするために定められました。

❹その他の改正事項

詐害行為取消権の要件に関しては、新法424条を、詐害行為取消権の行使方法に関しては、新法424条の6から425条を、詐害行為取消権の期間制限に関しては、新法426条をそれぞれご参照ください。

（金木伸行）

15 契約はどのような場合に、いつ成立するのか。また、撤回はできるのか？

―契約成立の条件と成立時期等

〈契約の成立〉

Q 私は個人で食料品の販売業を営んでいます。これまで取引先とは口約束で受発注を行っており、契約書を作成したことはありません。現在のところ、代金の支払いは滞りなく行われていますが、支払いが止まってしまった場合に、取引先より「そもそも契約が成立していないのだから支払わない」と言われてしまうことを懸念しています。そのような主張は認められるのでしょうか。

A 契約は、原則として口頭でのやりとりでも成立します。したがって、そもそも契約が成立していないという主張は認められません。もっとも、契約書がないと、どのような契約条件の下、契約を締結したのか証明することが難しくなりますので、いまからでも契約書を作成することをお勧めします。

❶契約とは何か

そもそも契約とは何でしょうか。

契約とは、平たく言えば、当事者間の合意を指します。たとえば、Aが鉛筆を購入するとの意思表示をし、Bがそれに応じるとの意思表示をした場合、AB間にはその鉛筆の売買に関する合意、すなわちその鉛筆の売買契約が成立します。

❷契約はどのような場合に成立するか

新法522条1項によれば、契約は、「契約の内容を示してその締結を申し入れる意思表示」（以下「申込み」といいます）に対して、相手方が「承諾した」ときに成立します。契約が成立するためには、原則として、口頭での申込みと承諾の意思表示があれば足り、法令に特別の定めがある場合を除いて、書面の作成等は必要あ

●図1

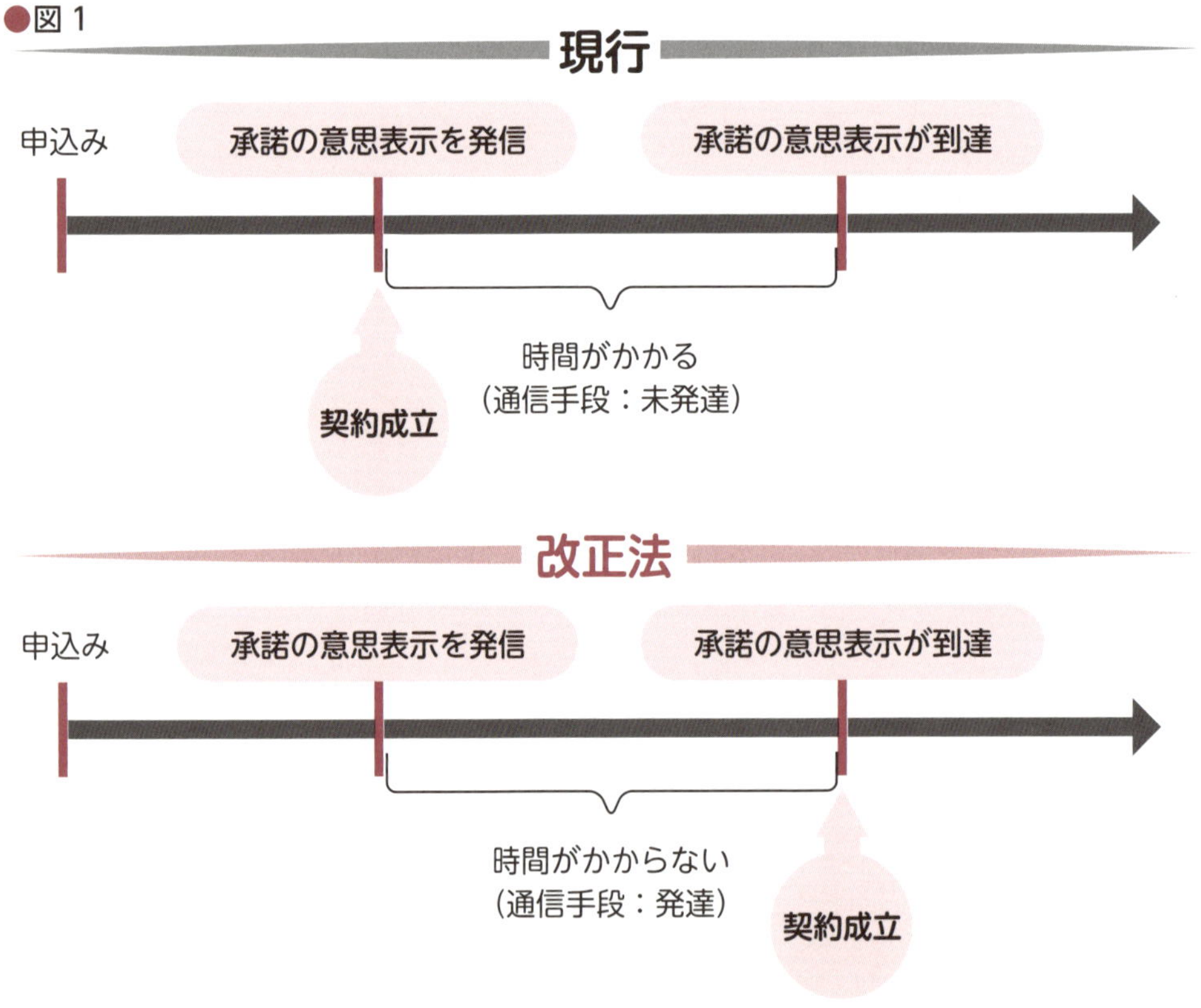

（出典）法務省民事局説明資料 P.54
＊現行＝旧法、改正法＝新法を指します。

りません（同条2項）。

上記❶で例に掲げたように、日常における商品の購入も売買契約の1つであり、我々は、売買契約に限らず、日々の生活のなかで無意識ながらも種々の契約を締結しています。

❸契約は自由に締結してよいのか

契約は、当事者間において自由に締結できるのが原則です。いわゆる契約自由の原則と呼ばれ、旧法の時代から明文の規定はないものの、確立された重要な法理とされてきました。

新法では、この原則について明文の規定が置かれました（新法521条）。同原則にいう「自由」の内容は、次のように整理されます。

①契約締結の自由：契約を締結しまたは締結しない自由（同条1項）
②相手方選択の自由：契約の相手方を選択する自由（同条第1項）
③内容決定の自由：契約の内容を決定する自由（同条2項）
④方式の自由：契約締結の方式（書面か口頭かなど）を決定する自由（522条2項。※法令に特別の定めがある場合を除きます）

なお、④に関して、実務上、契約締結に際して、契約書が作成されることが多いですが、これは多くの場合、契約の成立に必須ではなく、どのような条件で契約を締結したのか当事者の認識を明らかにしておくという確認の意味合いが強いといえます。

❹契約はいつ成立するのか

契約は、申込みに対する相手方の承諾の意思表示が、申込者に対して到達した時点に成立します（新法97条1項）。旧法では、隔地者（申込みに対する応答がその場で直ちになされない場合の当事者）間の契約成立時期について、例外的な規定が設けられていましたが、新法では、この規定は削除され、統一的な解釈がとられるに至りました（旧法526条1項参照）。旧法と新法の違いについては、図1をご参照ください。

❺申込みは撤回できるのか

新法523条1項本文および525条1項本文によると、原則として、申込みは撤回することができません。

これは、契約締結に対する相手方の信頼を保護するために一定期間、申込みの撤回が制限されているものと理解できます。ただし、申込者が申込みの撤回を留保した場合には、このような相手方の信頼の要保護性よりも、申込者の意思を尊重すべきとの価値判断があるものと考えられ、例外的に申込みの撤回が許されます（新法523条1項ただし書、525条1項ただし書）。

なお、対話者（申込みに対する応答がその場で直ちになされうる場合の当事者）に対して承諾期間を定めないでした申込みの撤回等については、525条1項の例外が定められているため、留意する必要があります（同条2項、3項）。

新法の内容については、表1もご参照ください。

❻申込者が申込後に死亡等した場合でも契約が成立してしまうのか

新法526条には、申込者が申込みの通知を発した後に死亡し、または行為能力を制限された場合において、申込者がその事実が生じたとすれば申込みは効力を有しない旨の意思を表示していたとき、または相手方が承諾の通知を発するまでに当該事実の発生を知ったときは、その申込みは効力を有しない旨規定されています。

この規定は、死亡等した場合には申込みをなかったものとしたいという申込者の真意と、契約を締結したと考える相手方の信頼とのバランスを図った規定と理解できます。

（丸山 悠）

●表1

【改正法】		申込みの相手方が 隔地者	申込みの相手方が 対話者
承諾期間の定め	無	相当な期間を経過するまで撤回不可（ただし、撤回権を留保したときは可能）（新§525 Ⅰ）	・対話継続中は撤回可能（新§525 Ⅱ） ・対話継続中に承諾がなければ申込みの効力消滅（不消滅の意思が表示されたときは不消滅）（新§525 Ⅲ）
	有	撤回不可（ただし、撤回権を留保したときは可能） 期間内に承諾がないと申込みの効力消滅（新§525 Ⅰ）	

（出典）法務省民事局説明資料 P.53 より抜粋。　＊改正法＝新法を指します。

〈賃貸借契約〉

16 アパートの一室を賃料を支払って借りている場合のルールが変わるの?

—賃貸借に関する見直し

Q 私は、個人で賃貸マンションの経営を行っていますが、賃貸借に関して、今回の改正により、いくつかの見直しがなされたと伺いました。どのような改正が行われ、どんな影響があるのでしょうか。

A 敷金の返還時期と返還すべき金額の範囲、賃貸借契約終了時の原状回復義務の範囲、賃貸不動産が譲渡された場合のルールが明確化されるとともに、賃貸借の存続期間の上限が50年に伸長されました。

❶敷金返還のルールは?

賃貸借契約終了時において、賃貸人と賃借人との間で敷金返還に関する紛争はしばしば発生するところですが、旧法には敷金返還に関する規定が存在しませんでした。

そこで、今回の改正により、敷金返還のルールとして、新法622条の2が新設されました。

本条では、敷金を「賃料債務等を担保する目的で賃借人が賃貸人に交付する金銭で名目を問わないもの」と定義づけしたうえで、敷金の返還時期（賃貸借が終了して賃貸物の返還を受けたとき等）や返還すべき敷金の範囲（賃料等の未払債務を控除した残額）が明記されました。

❷原状回復の範囲は?

賃貸借契約終了時において、賃貸人と賃借人との間で原状回復の範囲に関する紛争もしばしば発生するところですが、旧法には原状回復に関する規定が存在しませんでした。

そこで、今回の改正により、原状回復のルールとして、新法621条が新設されました。

本条では、原状回復の範囲について、賃借物に損傷が生じた場合には、原則として賃借人は原状回復の義務を負うが、通常損耗（賃借物の通常の使用収益によって生じた損耗）や経年変化についてはその義務を負わないというルールが明記されました。

なお、国土交通省住宅局「原状回復をめぐるトラブルとガイドライン」によれば、①家具の設置による床、カーペットのへこみ、設置跡、②テレビ、冷蔵庫等の後部壁面の黒ずみ（いわゆる電気ヤ

タバコのヤニは通常損耗に当たらない!

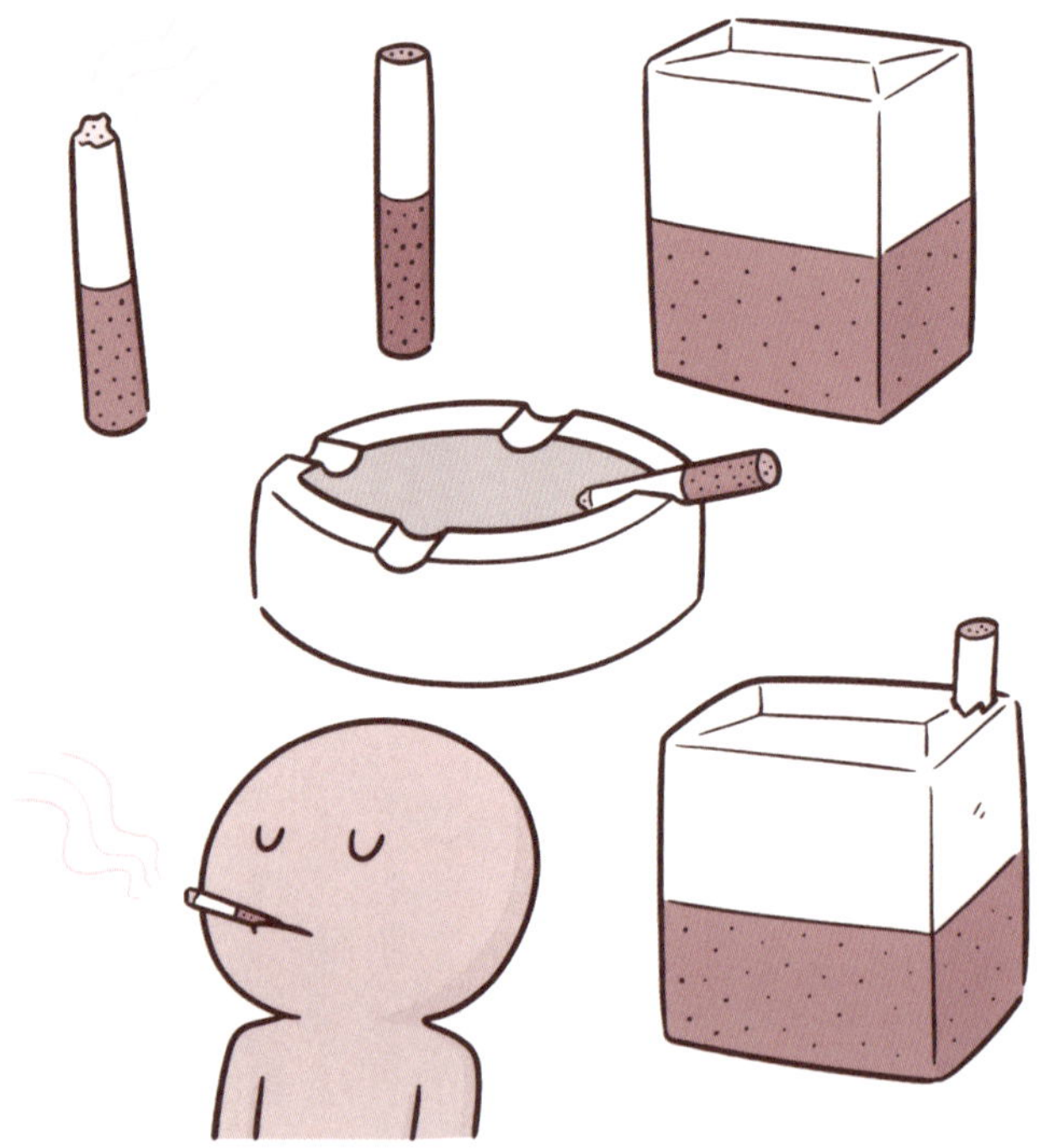

ケ）、③地震で破損したガラス、④鍵の取替え（破損、鍵紛失のない場合）は「通常損耗や経年変化」に当たるとされ、①引っ越し作業で生じたひっかきキズ、②タバコのヤニ・臭い、③飼育ペットによる柱等のキズ・臭い、④日常の不適切な手入れもしくは用法違反による設備等の毀損は「通常損耗や経年変化」に当たらないとされています。

❸賃貸不動産が譲渡された場合はどうなる？

賃貸借契約期間中に賃貸借不動産が譲渡された場合、賃借人は誰に対して賃料を支払えばよいかについて、旧法には規定が存在しませんでした。

そこで、今回の改正により、賃貸不動産が譲渡された場合のルールとして、新法605条の2が新設されました。

本条では、賃貸借契約期間中に賃貸借不動産が譲渡された場合、賃貸人の地位は旧賃貸人から新賃貸人に移転するが、新賃貸人が賃借人に対して賃料請求等をするには、新賃貸人への建物の所有権移転登記が必要である旨が明記されました。

また、賃貸不動産の新たな所有者が投資法人である場合など、賃貸不動産の譲渡後も入居者との間の賃貸管理を引き続き旧所有者（賃貸人）に行わせるため、1棟ごと旧所有者に賃貸する（入居者は転借人となる）という実務があることを踏まえ、上記の例外として、本条2項において、賃貸不動産の新旧所有者の合意のみで賃貸人の地位を旧所有者に留保できるが、新旧所有者間の賃貸借が終了した場合には、賃借人と新所有者の賃貸借関係に移行する旨も明記されました。

❹賃貸借の存続期間が最長50年に

賃貸借の存続期間は、旧法604条1項において、最長20年に制限されていたところ、現代社会においては、ゴルフ場の敷地である山林の賃貸借など20年を超える賃貸借のニーズがあることから、新法604条1項において、賃貸借の存続期間の上限が50年に伸張されました。

（山本浩平）

●原状回復の費用算定の手順（イメージ）

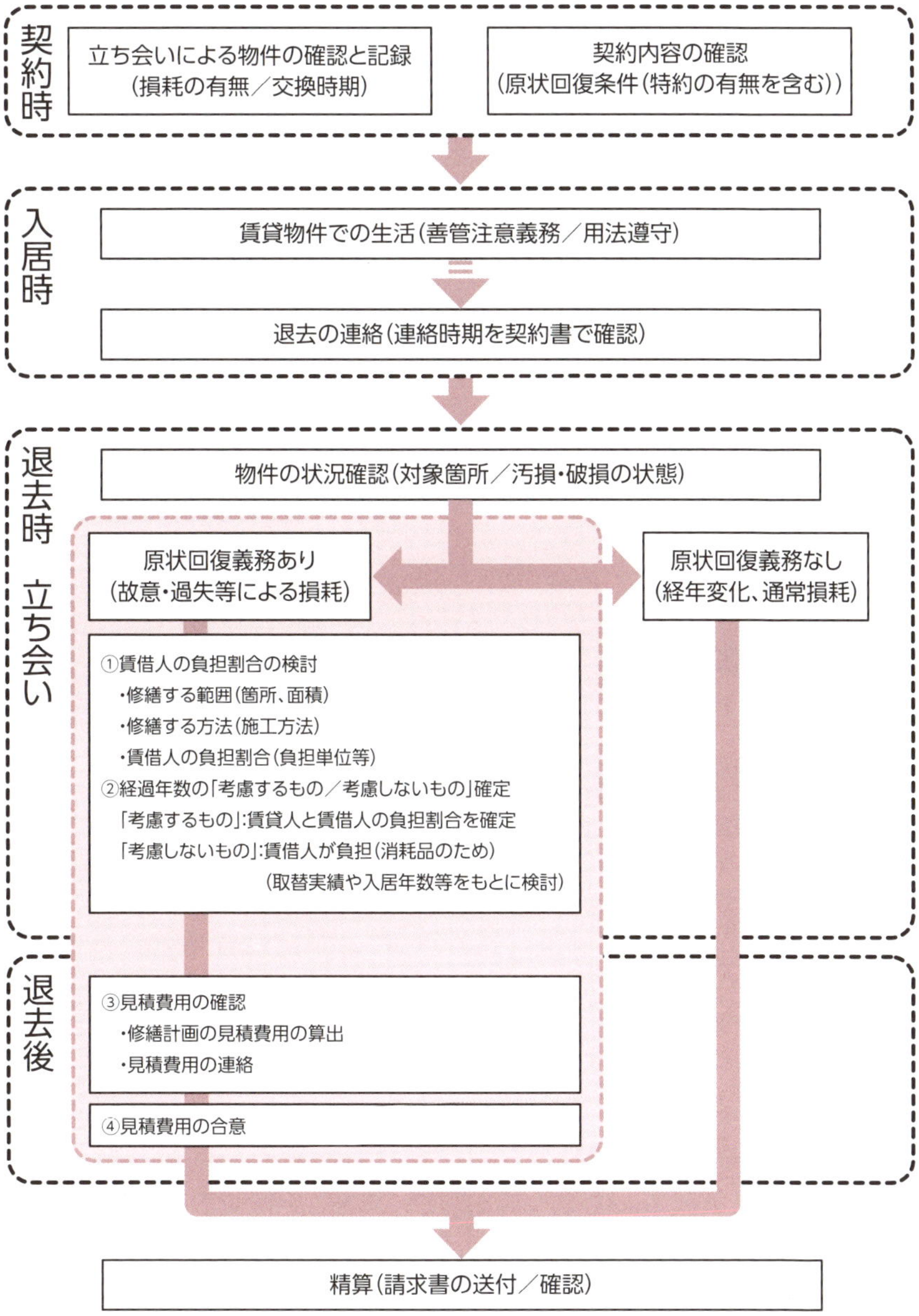

（出典）「原状回復をめぐるトラブルとガイドライン（再改訂版）」（平成23年8月国土交通省住宅局）〈一部改変〉

〈請負契約〉

17 建物の建築を請け負ったものの、完成前に請負を解除された場合に報酬請求はできるの？

―請負契約に関する見直し

Q 建設業を営むA社は、B氏との間でB氏の自宅の建設工事請負契約を締結しました。A社は同契約に基づき工事に着手し、予定された工程の8割を完了しましたが、工事を担当していた下請業者の突然の倒産によってその後の工期が大幅に遅れることとなり、B氏から契約を中途解除されてしまいました。B氏はその後、C社に依頼して自宅建物を完成させました。A社はB氏に対して報酬請求をすることができるでしょうか。

A 新法では、明文に基づいて報酬請求ができます。

❶請負契約が仕事の完成前に解除された場合に報酬請求ができるか

請負契約は、請負人が注文者に対して「仕事の完成」を約束し、注文者が請負人に対して仕事の結果に対する「報酬」の支払いを約束する内容の契約です。

旧法は、仕事の「完成」に対して報酬が支払われるという一般的な定めを置くのみで、請負契約が仕事の「完成前」に解除された場合に、請負人から注文者に対してすでに工事を実施済みの中途の結果について報酬請求ができるか否かについて、特段の規定を設けていませんでした。

しかし、実際にはこういった場面で注文者と請負人との間で争いが生じ、法的な紛争に発展するケースは多数存在します。

この点が争われた判例では、仕事の内容を分割できる場合であること、および、注文者が工事実施済みの部分から利益を得ていること、の2点が認められる場合には、中途の結果についても、例外的に報酬請求ができると判断されていました。

図1●事案の概要

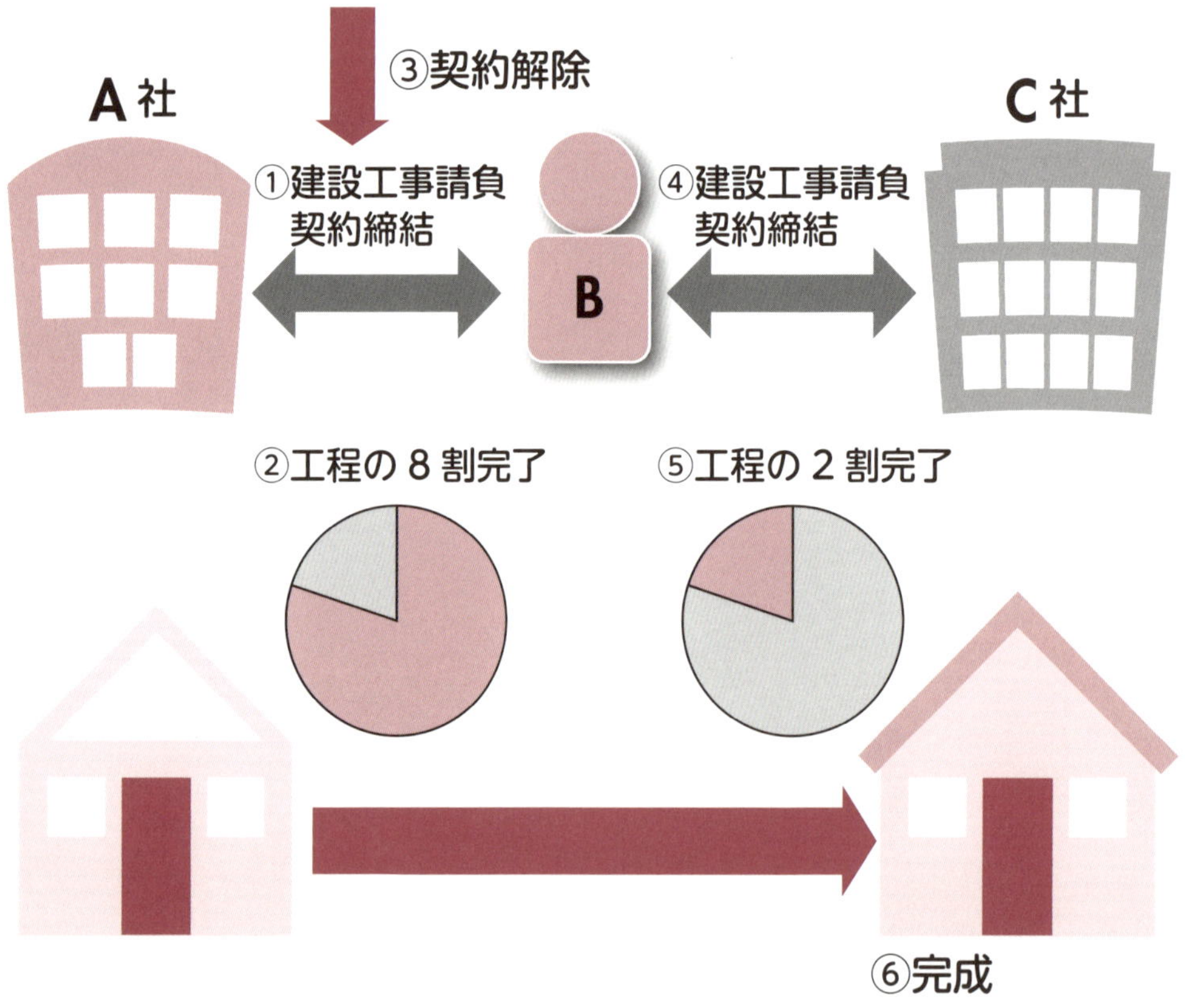

❷ 改正前後で請負報酬の取扱いはどう変わったか

(1) 明文規定の新設

新法では、上記の取扱いを明確化し、この点に関する紛争を予防するため、634条を新設しました。

同規定は、①「仕事を完成することができなくなった場合」または②「請負が仕事の完成前に解除された場合」に、(i)「中途の結果のうち可分な部分」によって(ii)「注文者が利益を受ける」ときは、「請負人は、その利益の割合に応じて報酬の請求をすることが可能」であると規定しています。

表1●報酬請求の可否と範囲

		注文者の落ち度 あり	注文者の落ち度 なし
請負人の落ち度	あり	△（過失の割合による）	○（一部）
請負人の落ち度	なし	○（全部か一部か選択）	○（一部）

(2) 規定の具体的な内容

①仕事を完成することができなくなった場合

①は、従来の議論では必ずしも明らかでなかった部分を明確化したものであり、仕事の完成が不可能になった場合には請負人に責任がある場合も含めて、請負人から注文者に対して中途の結果に対する報酬請求ができることを示しています。

請負人に責任がある場合にまで報酬請求ができることに違和感を覚える方もいらっしゃるかと思いますが、仕事の完成を妨げた請負人の責任追及は、契約解除や損害賠償請求をすることにより別途行っていくこととなります。

なお、条文上は「注文者の責めに帰することができない事由によって」という留保がされていますが、注文者に責任がある場合には、報酬の一部ではなく全部を請求することができるため、このような記載になっているにすぎず、このような場合にも一部請求を行うことも可能です。

②請負が仕事の完成前に解除された場合

②は従来の判例の解釈を明文化したものです。請負人の債務不履行を理由とする契約解除の場合（新法541条、542条）と、注文者による任意の解除の場合（新法641条）のいずれも対象となります。

なお、注文者による任意の解除の際には請負人は注文者に対して損害賠償請求をすることができますが、この損害賠償を選択した場合には、下記(ii)「注文者が利益を受ける」ことは必要となりません。

(i) 中途の結果のうち可分な部分

報酬請求は仕事の結果が分割可能な場合にのみ行うことができます。従来の判例からすると、たとえば建築請負契約の場合には、工事が工程に応じて分割可能であり、工事全体に対する出来高の割合が算定できれば、可分と判断されます。

(ii) 注文者が利益を受ける場合

報酬請求は、注文者が現に利益を受けている場合にのみ行うことができます。そのため、請負人がすでに行った工事であっても、注文者がそこからなんらの利益も受けていない場合には、報酬請求を行うことはできません。

たとえば、建物の建設工事が中途で終了し、再開までに長期間を要したために建物の一部に不具合が生じたときには、同部分からは注文者が利益を受けておらず、報酬請求はできないものと考えられます。

(3) ご質問に対する回答

ご質問の事案では、B氏によってAB間の自宅建設工事請負契約が解約されており、「請負が仕事の完成前に解除された場合」に該当します。

さらに、A社が建設工程の8割を完了させた後、C社がこれを引き継ぎ建物を完成させているため、「中途の結果のうち可分な部分」について、「注文者が利益を受ける」ときにも該当します。

よって、A社はB氏に対して報酬を請求することができます。

（祐川友磨）

Q システム開発を業とするA社は、B社との間で会計システム構築に関する請負契約を締結してシステムを納入しました。その数日後、A社はB社からシステムに不具合が生じたと連絡を受けたため、システムの調査を実施しました。A社による調査の結果、システムには重大なバグがあったこと、バグの原因はA社の設計ミスにあったことが判明しました。A社はB社から今後どのような請求を受ける可能性がありますか。

A 新法では、①修補請求、②損害賠償請求、③契約解除、④代金減額請求を受ける可能性があります。④は今回の改正で追加された新たな選択肢です。

❶ 請負人に「瑕疵」があった場合の責任はどう扱われていた？

旧法は、請負人による仕事の完成後に仕事の目的物に「瑕疵」があった場合には、①修補請求（修理・代替物等の請求）、②損害賠償請求、③契約の解除をすることができると規定していました。

ここでいう「瑕疵」とは、請負人によって行われた仕事が契約で定めた内容どおりではなく、不完全であることを指すとされていました。

また、①修補請求については、瑕疵が重要でなく、修補に過大な費用が必要なときには、請求できないとされており、③契約解除については、瑕疵によって契約目的を達成できないことが要件とされているうえ、建物等の建築物については瑕疵があっても契約解除ができないとされる等、細かい条件が設けられていました。

❷ 請負人の責任追及方法が統一された

(1)「瑕疵」の明確化

新法は636条で、「請負人が種類又は品質に関して契約の内容に適合しない仕事の目的物を注文者に引き渡したとき」に責任追及ができると定め、仕事の目的物が契約の内容に適合しない場合に責任を追及できることが明確化されました。

(2) 責任追及の手段の追加・修正

旧法では、目的物に問題があった場合の責任追及のあり方について、売買契約と請負契約で異なる規定を設けていましたが、両者の間に大きな差異があることは合理性が乏しいとの批判もあったため、559条で売買契約に関する規定を請負契約にも準用することを定めました。

これによって、請負契約と売買契約とで責任追及の方法が統一され、注文者は請負人に対して①修補請求（562条、559条）、②損害賠償請求（564条、415条、559条）、③契約解除（564条、541条、542条、559条）、④

図2●事案の概要

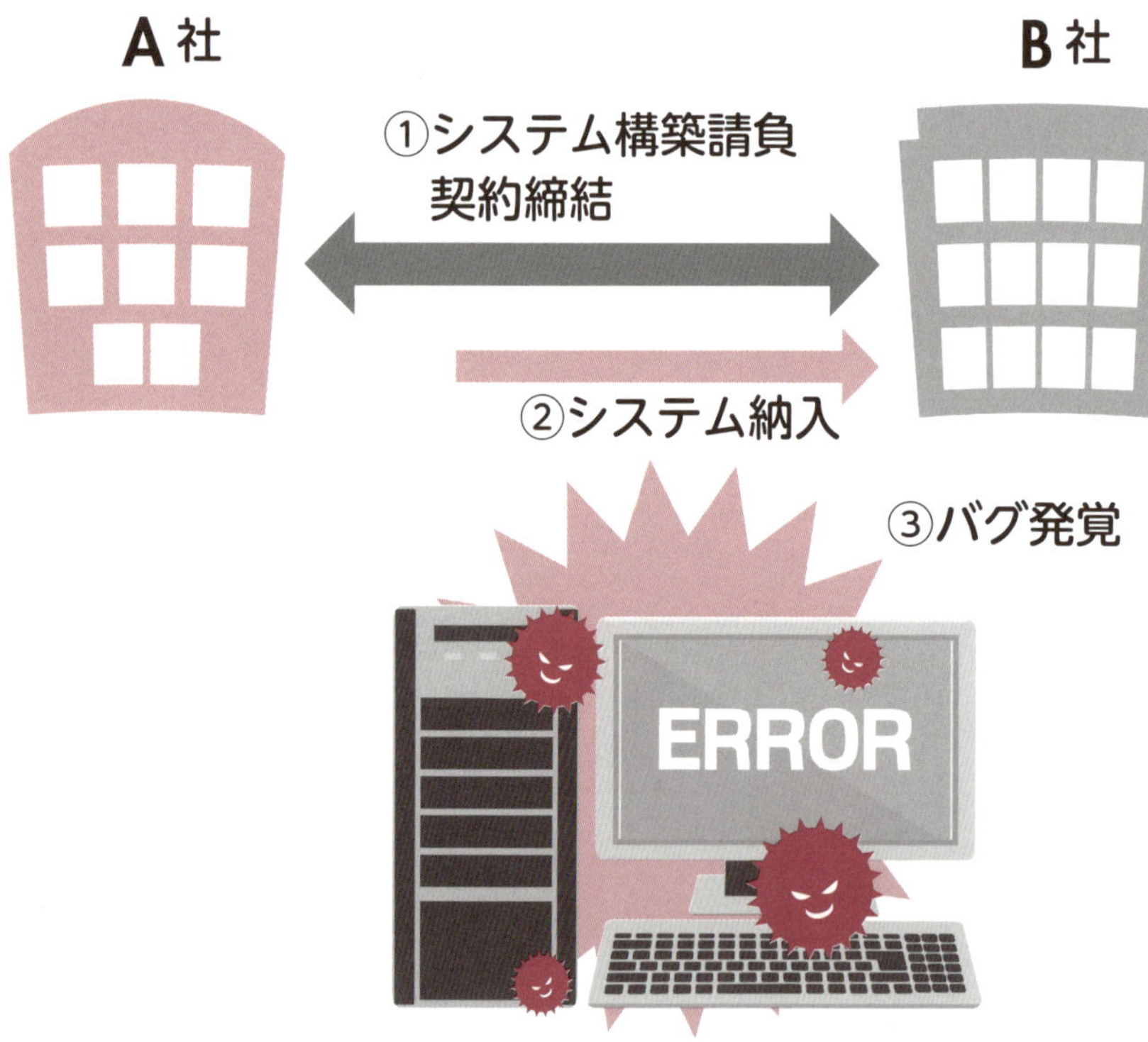

報酬減額請求（563条、559条）ができることとなりました。

さらに、旧法で①修補請求に付けられていた、不具合が重要でなく、修補に過大な費用が必要なときには、これを請求できないという留保については、新法においては規定が設けられず、履行請求の限界を定めた一般的な規定である412条の2に基づき請求が可能か判断されることとなりました。

また、③契約解除に付されていた、瑕疵によって契約目的を達成できないことという要件も、新法には規定が設けられず、催告解除を行う際の一般的な規定である541条ただし書に基づいて、催告解除の場合には、契約不適合の程度が軽微でないことが要求されるのみとなりました。

③契約解除に関しては、建物等の建築物については瑕疵があっても請負契約を解除することができないという規定についても、深刻な不具合があった場合にまで一律に解除ができないとすることは不当であるとして削除されました。

表2●目的物に欠陥がある場合における担保責任の内容

	売買		請負	
	改正前	改正後	改正前	改正後
修理・代替物等の請求	×	○	修理については、○	○
損害賠償	○	○	○	○
契約解除	○	○	○（建物等に制限あり）	○
代金減額	×	○	×	○

（出典）法務省民事局説明資料 P.62（一部改変）

❸責任追及が可能な期間

旧法では、仕事の目的物の不具合に関する責任追及については、目的物の引渡し時（引渡しが不要な場合には仕事の終了時）から原則1年以内に権利行使を行わなければならないものとされていたほか、建物等の建築請負においては引渡しから5年、建物等が石造等の場合には引渡しから10年とする等の例外規定が設けられていました。

しかし、1年という短い期間では、目的物の不具合に気がつかないままに期間が経過してしまうおそれがあること、制限期間内の権利行使まで要求することは注文者の負担が重いことから、新法637条1項は、注文者が不具合を「知った時」から、1年以内に「その旨を請負人に通知」すればよいと定めています。なお、請負人が不具合を知りまたは重大な過失によって知らなかった場合には、同条2項で期間制限の適用が排除されます。

また、仕事の目的物が建物等の場合の特則については、その必要性が乏しいと判断され、新法では削除されています。

なお、上記の期間制限とは別に、注文者の権利は一般原則の適用を受けることから、目的物の引渡しの時から10年で消滅時効に服することとなることに注意が必要です。

❹ご質問に対する回答

B社がA社から納入された会計システムには重大なバグが存在し、AB間の請負契約に適合しないことは明らかですので、A社はB社から、①修補請求、②損害賠償請求、③契約解除、④代金減額請求のいずれかの請求を受ける可能性があります。

（祐川友磨）

〈代理〉

18 成年被後見人が代理人として行った法律行為は取り消すことはできないの？

―代理人の行為能力

Q 私は、最近不動産投資を始めました。手始めにある建物を買ったのですが、これまで一度も不動産を売買したことがなかったので、不動産の売買に慣れている父に、私の代理人となってもらい、不動産会社と建物の購入額や支払方法について交渉して、売買契約を締結してもらいました。しかし、私が契約書の内容を確認してみると、あまりに私に不利な条件となっていました。おかしいと思って調べてみると、父には、3年前から成年後見人がついていることがわかりました。父の締結した建物の売買契約を、取り消すことはできないでしょうか。

A 原則として、取り消すことはできません。

ただし、本人が未成年である場合には、制限行為能力者である親が法定代理人として行った契約等について、例外的に取り消すことができるようになりました（新法102条ただし書）。

❶改正前の問題点

旧法では、制限行為能力者が、本人として契約締結等の法律行為を行った場合には、後にその法律行為を取り消すことができる一方で、代理人は行為能力者であることを要しない旨が定められ（旧法102条）、代理人として法律行為を行った場合には、その法律行為を取り消すことができず、本人に効果が帰属していました。

これは、代理行為の効果は代理人自身には帰属しないことや、本人が自ら制限行為能力者を代理人に選任したものである以上、それによって不利益が生じたとしても、本人の責任であるとの考えに基づくものでした。

しかし、親が制限行為能力者であるとともに、未成年の子の法定代理人である場面でも、子は、自ら親を代理人として選任していないにもかかわらず、親が法定代理人として行った行為について取り消すことができず、親による行為の効果が子に帰属することとなっていました。

このように、旧法下では、未成年の子のように、本来制限行為能力者として保護されるべき者について、たまたま法定代理人も制限行為能力者であった場合に、自ら代理人を選任したわけではないにもかかわらず、法定代理人が制限行為能力者であることを理由として行為を取り消すことができず、法律の保護を十分に受けることができないことがありました。

❷制限行為能力者が他の制限行為能力者の法定代理人として行った行為は、例外的に取り消すことが可能に

そこで、新法では、任意代理については、従前どおり制限行為能力者が代理人として行った行為は、行為能力の制限によっては取り消すことができないとしながらも（新法102条）、制限行為能力者が他の制限行為能力者の法定代理人として行った行為については、例外的に、取り消すことができる旨を、新たに規定しました（同条ただし書）。

また、被保佐人または被補助人が、保佐人または補助人の同意を得て行わなければならないとされている行為（新法13条1項1号～9号、17条1項）について、被保佐人または被補助人が法定代理人として行為を行う場合には、保佐人または補助人の同意を得なければならない旨を規定しました（新法13条1項10号、17条1項）。

そのため、被保佐人または被補助人が、保佐人または補助人の同意を得ず、法定代理人として、制限されている行為を行った場合に

は、この行為を取り消すことができることとなりました（新法13条4項、17条4項）。なお、この場合に、法定代理人である被保佐人または被補助人の行為を取り消すことができる者として、制限行為能力者である本人も含まれることが規定されました（新法120条1項）。

ただし、「他の制限行為能力者」が未成年である場合に、成年被後見人、被保佐人が法定代理人として代理行為をすることができるかについては、未だ議論があります。

ご質問のあったQの場合、本人が成人していて、自ら父を代理人に選任した場合、父が成年被後見人であることを理由に建物の売買契約を取り消すことはできません。

しかし、本人が未成年であるため、父が法定代理人として建物の売買契約を締結した場合には例外的に、父が成年被後見人であることを理由に建物の売買契約を取り消すことができるようになります。

❸代理に関するその他の改正

旧法では、代理権の濫用（代理人が自己または第三者の利益を図る目的で代理権の範囲内の行為を行うこと）に関する規定はありませんでした。そのため、代理権が濫用されたとしても、代理権の範囲内でなされた行為である以上、その効果は本人に帰属することが原則ですが、判例では、相手方が代理人の意図を知り、または知ることができた場合には、その行為の効力は本人に及ばないとして、本人の保護を図っていました。

そこで新法では、代理人が自己または第三者の利益を図る目的で代理権の範囲内の行為をした場合、その行為の相手方が代理人の意図を知り、または知ることができたときは、その行為は無権代理行為とみなすとの規定が新設されました（新法107条）。

（江藤寿美怜）

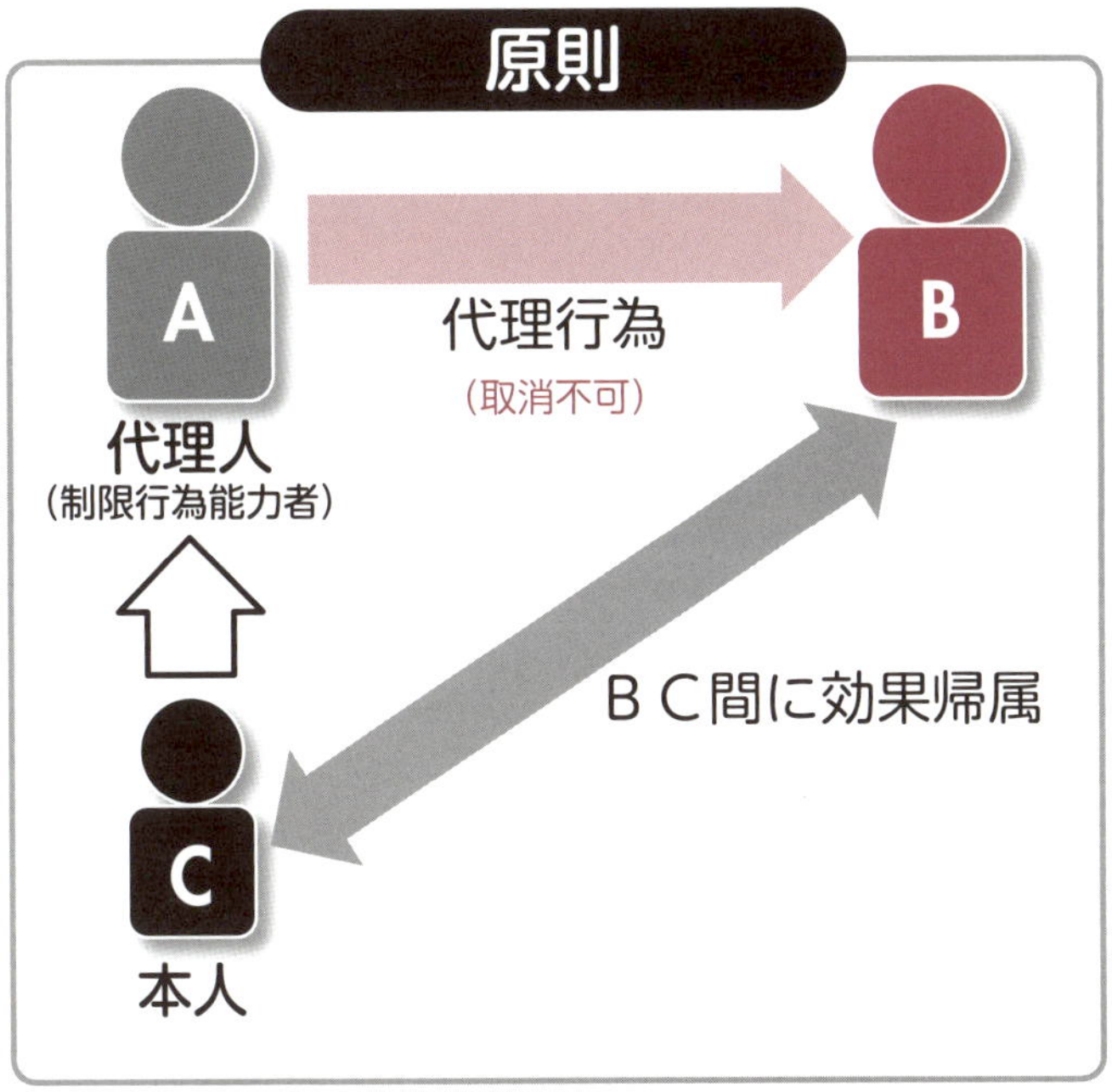

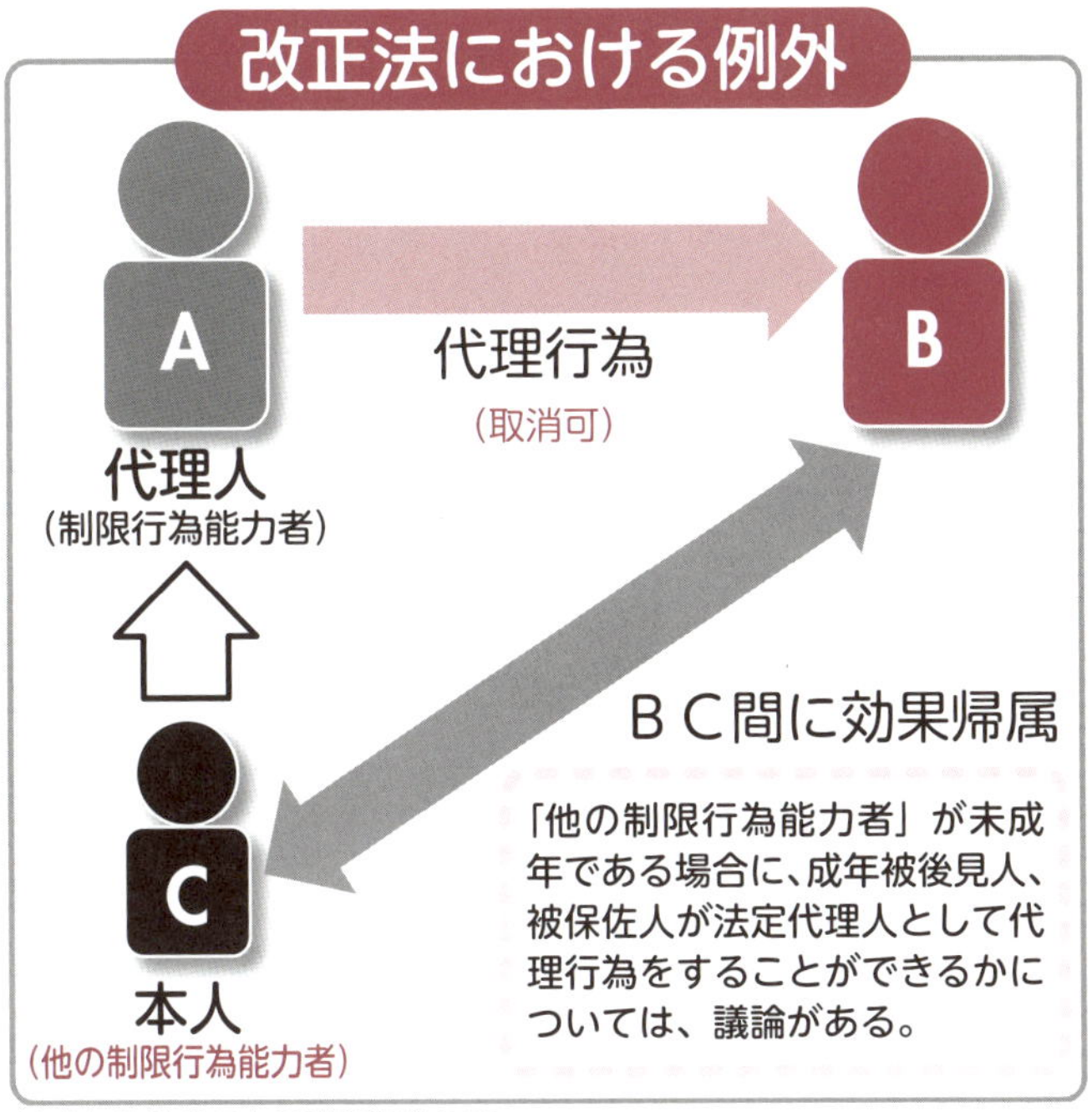

（出典）法務省民事局説明資料 P.38

用語解説

任意代理：本人の意思に基づいて代理権が生じる場合。たとえば、本人が自己所有の不動産を第三者に売却することを他人に委任するときには、その他人に対して不動産売却のための代理権が与えられます。

法定代理：本人の意思に基づかずに代理権が生じる場合（法律の規定によって代理権が与えられる場合）。たとえば、未成年者の親権者や成年後見人には、法律の規定によって包括的な代理権が与えられています。

行為能力：契約等の法律行為を単独で行うことができる能力のこと。

制限行為能力者：行為能力を制限されている人のこと。民法上、制限される法律行為の程度にあわせて、成年後見人、被保佐人、被補助人が定められているほか、未成年者も制限行為能力者として定められています。

19 マンションや別荘の売買契約締結前後に火事や地震で焼失した場合の取扱いが変わるの？

―債務不履行による損害賠償請求、危険負担

〈債務不履行・危険負担〉

Q1 AさんがBさんとの間で自己所有のマンションを売却する内容の売買契約を令和元年10月1日に締結しました。しかし、10月3日に、実はマンションは9月20日の時点で火事によって焼失していたことが判明しました。Bさんは、Aさんに対して債務不履行に基づく損害賠償請求をすることができるでしょうか（図1参照）。

A1 Aさん（債務者）の責めに帰すべき事由によって履行不能となったのであれば、債務不履行に基づく損害賠償請求をすることはできるとの規定が新設されました。

Q2 AさんがBさんとの間で自己所有のマンションを売却する内容の売買契約を令和元年10月1日に締結しました。売買契約締結後、マンションの引渡し前である10月20日に、マンションが地震による火事のために焼失しました。この場合、Bさんは、Aさんに対して売買代金を支払わなければならないでしょうか（図2参照）。

A2 Aさん・Bさん双方の責めに帰することのできない事由によって、Aさんがマンションの引渡しができなくなったときは、Bさんは、売買代金の支払いを拒むことができるとのルールが明文化されました。

●図1

●図2

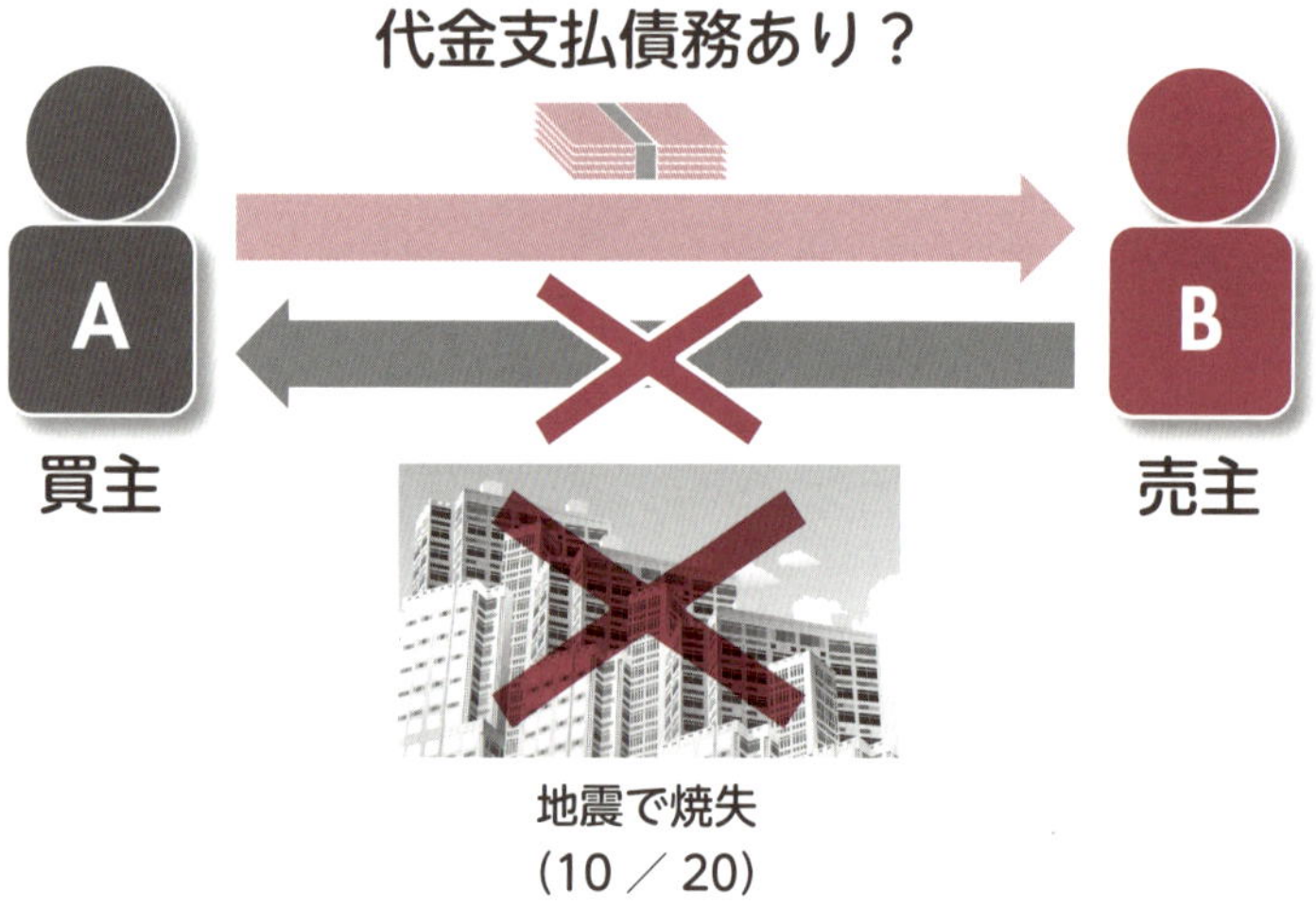

（出典）法務省民事局説明資料 P.44、55（一部改変）

❶債務者の責めに帰すべき事由による履行不能の場合は、損害賠償請求できる

Q1の事例のように契約が成立した時点で、すでに債務が履行不能である場合（事例では、Aさんは10月1日の時点で、マンションを失っていたことから売買契約に

基づく債務であるマンションを引き渡す債務は履行できません)に、契約当事者は責めに帰すべき事由がある相手方に対して債務不履行に基づく損害賠償請求をすることができるかについては、古くから議論がありました。

伝統的には、このような契約は無効であり、したがって契約に基づく債務が観念できないから、債務不履行となる余地もなく、債務不履行に基づく損害賠償請求はできないと考えられていました。

しかしながら、このような伝統的な考え方は、履行不能になったのがたまたま契約の成立前というだけで、債務者のたばこの不始末である場合など債務者の責めに帰すべき事由によって火災が発生していた場合でも、債務者が債務不履行に基づく損害賠償責任を負わないという結論は不当ではないかとの考え方も有力でした。

新法では、上記の伝統的な考え方とは異なり、契約に基づく債務の履行がその契約の成立の時に不能であったとしても契約は有効であるとの考え方を前提として、債務者の責めに帰すべき事由によって履行不能となったのであれば、債務不履行に基づく損害賠償請求をすることは妨げられない旨の規定(**新法412条の2第2項**)を新設しています。

❷債務不履行による損害賠償責任における債務者の「責めに帰すべき事由」

債務不履行に基づく損害賠償責任は、債務者に責めに帰すべき事由(＝帰責事由)がない場合は、免責されます。このルールは、旧法下でも一般的な解釈でしたが、旧法は、債務不履行の一種である履行不能の場合にのみ適用されるルールかのような規定ぶりとなっていました。

新法においては、これまで判例と学説において認められてきた上記のルールは履行不能の場合のみではなく債務不履行一般に適用があることを明確化しています(**新法415条1項本文**)。

以上のとおり、「責めに帰すべき事由」があることが免責の要件になっているわけですが、「責めに帰すべき事由」の有無は、これまでの裁判実務上は、契約や社会通念に照らして判断されてきました。

このことは、旧法の規定ぶりからは明らかではなかったのですが、新法においては、契約その他の債務の発生原因および取引上の社会通念に照らして債務者の責めに帰すべき事由があるか否かを判断することを明文で規定しています(**新法415条1項ただし書**)。

❸危険負担に関する見直し

旧法においては、条文を機械的に適用すると、Q2のようなケースでは、マンションが焼失しているため売買契約に基づくAさんの債務(マンションを引き渡す債務)は履行不能となって消滅し、他方、売買契約に基づくBさんの債務(売買代金を支払う債務)は存続するという整理になっていました。

しかしながら、Bさんの立場に立てば、売買契約を締結したというだけで、引渡しも受けていないマンションについての地震による滅失のリスク(危険)を負担することになっており、学説では上記の整理は不当であると考えられてきました。

新法では、この点を見直し、当事者双方の責めに帰することのできない事由によって一方当事者の債務を履行することができなくなったときは、他方当事者は、自らの債務の履行を拒むことができるとのルールを明文化しました(**新法536条1項**)。新法では、他方当事者が負担している債務は当然に消滅するのではなく、債務は存続することを前提に、債務の履行請求を拒むことができるとしたことがポイントです。

新法の下では、上記の事例においてBさんは売買代金の支払いを拒むことができることになります。

(西中宇紘)

用語解説

危険負担：危険負担とは、売買等の当事者双方が債務を負担する契約が成立した後に、債務者の責めに帰すべき事由なく目的物が滅失・毀損等してしまったことにより履行不能となった場合において、そのリスクを当事者のいずれが負担するか、すなわち、一方の債務（例：目的物を引き渡す債務）が履行不能により消滅した場合に、もう一方の反対債務（例：売買代金債務）も消滅するか、存続するか、という問題のことをいいます。

20 売買契約の内容どおりでないものを引き渡された買主は、売主にどんなことを請求できるの？

―売主の瑕疵担保責任に関する見直し

〈瑕疵担保責任〉

Q 当社は、取引先のA社から、中古の工作機械を購入しました。それらは、確かに納期どおりに納品されましたが、使ってみると、まったく作動しないわけではないものの、どうも不具合があるのか、細かな部分で、当社が事前に要求していた性能を有していないことがわかりました。当社としては、A社に対して、どのような要求をすることができるのでしょうか。

A 損害賠償請求、契約解除に加え、代金減額請求、代替物の引渡し請求などができるようになりました。

❶取りうる手段の選択肢

ご質問のようなケースは、旧法において「売主の瑕疵担保責任」が問題となっていたケースだと考えられます。もっとも、新法においては「瑕疵」という用語は使われなくなり、「契約の内容に適合しないもの」という言葉が使われています（なお、実質的な意味は変わらないとされています）。

また、そのように「契約の内容に適合しないもの」を引き渡された場合の買主が取りうる手段として、旧法では、損害賠償の請求と、契約の解除が認められていましたが、新法では、それらを拡大し、次に挙げる４つの請求が可能とされることになりました（**表1参照**）。

ただし、いずれの場合も、買主の責めに帰すべき事由がある場合には認められませんので、注意が必要です。

（1）追完請求
（修補・代替物の引渡し等）

1つ目は、「履行の追完」と言われるもので、具体的には、目的物が故障している場合にその修理を求めることや（目的物の修補請求）、目的物が故障していたりそ

●表1

買主の救済方法	買主に帰責事由	双方に帰責事由無し	売主に帰責事由
追完請求	不可	可能	可能
代金減額請求	不可	可能	可能
損害賠償請求	不可	不可	可能
契約の解除	不可	可能	可能

（出典）法務省民事局説明資料 P.43（一部改変）

の種類が異なったりする場合に、別の物を改めて納入させること（代替物の引渡し請求）、または、目的物の数量が不足している場合に、その不足分を納入させること（不足分の引渡し請求）といったことが可能とされています。

ご質問のケースでは、目的物の修補か、代替物の引渡しを請求することになるでしょう。そのいずれを選択するかは、一義的には買主において決めることができます。しかし、たとえば、買主が代替物の引渡しを要求したものの、実際には簡単に修理ができ、また、それで買主に特段の不利益がない場合には、売主は、買主が請求した方法と異なる方法（この例では、目的物の修補）による履行の追完をすることができるものとされています。

なお、追完請求は、たとえば、売主が倉庫で保管中または運送中に工作機械を壊してしまったなどといった、「売主の責めに帰すべき事由」がまったくない場合でも可能です。

(2) 代金減額請求

2つ目は、代金減額請求で、実際の品質等に見合った金額にまで減額することを求めるものです。ただし、本来の契約の内容どおりに売主によって完全な履行がされるのが望ましいと考えられますので、代金減額請求は、原則として、相当の期間を定めて履行の追完の催告をし、その期間内に履行の追完がない場合に可能とされています。

もっとも、履行の追完が不能であるとき（売主が修理できない等）、売主が履行の追完を明確に拒絶したときなど、催告をしても履行の追完を受ける見込みがない場合には、例外的に催告は不要とされています。

なお、代金減額請求も、「売主の責めに帰すべき事由」がまったくない場合でも可能です。

(3) 損害賠償請求

3つ目は、損害賠償請求で、引き渡された目的物が契約の内容に適合しないことによって生じた損害の賠償を求めるものです。この場合の賠償の範囲は、仮に契約の内容に適合した目的物が引き渡されていれば買主が得られたであろう利益を含むことになります。

損害賠償を請求する際に特有のポイントは、「売主の責めに帰すべき事由」がなければならない、という点ですので、この点にはご留意ください。

(4) 契約の解除

4つ目は、契約の解除です。これにより、買主は、目的物を返還する義務を負うことになりますが、一方で、売買代金の返還を求めることができるようになります。

契約解除をしようとする場合も、「売主の責めに帰すべき事由」は不要です。ただし、買主は、代金減額請求と同じく、原則として履行の追完を催告しなければなりません。また、契約の不適合の程度が、その契約や取引上の社会通念に照らして軽微なものであるときは、契約解除はできません。

❷ 通知と期間制限

以上の（1）から（4）の請求をするには、買主は、目的物の契約不適合（種類または品質に関する不適合）を知った時から1年以内にその旨を売主に通知しなければなりません。他方、目的物の数量が不足している場合や、売主が、引渡しの際に不適合を知っていたり、不適合を知らないことについて重大な過失があったりした場合には、期間制限はかかりません（その場合に期間制限を設けて売主を保護する必要がないからです。図1参照）。

（髙橋瑛輝）

●図1

売主
買主
知ってから
1年以内に
不適合の通知が
必要

ポイント

- 数量不足の場合は期間制限なし
- 売主が引渡し時に不適合を知っていた場合や重過失により知らなかった場合も期間制限なし
- 抽象的に「不適合」と伝えるだけでは×
  不適合の内容を把握できる程度にその種類や範囲を伝えること
- 別途、消滅時効に関する規律の適用があることに留意

21 一人の連帯債務者に生じた事由が他の連帯債務者に対して影響を及ぼす効力の範囲が変わったの？

―連帯債務の効力の見直し

〈連帯債務〉

Q 私（B）は、Aと連帯してXから金100万円を借り入れました。私とAの負担割合はそれぞれ50万円です。次の①～③の場合について教えてください。

① 消滅時効完成間際にXがAに100万円の支払いを求める訴訟を提起し、判決が確定した場合、Aの債務について消滅時効は完成せず時効期間がゼロから進行する（更新）と聞きましたが、私の債務も同じように時効の完成が猶予され、更新されるのでしょうか。

② Aの債務についてのみ消滅時効が完成し、Aが消滅時効制度を利用することをXに伝えた（時効の援用）場合、私はXに50万円を支払えば足りるのでしょうか。

③ AがXに対して60万円の債権を有している場合、私は、Xに対し、Aの債権を相殺すると主張できますか。

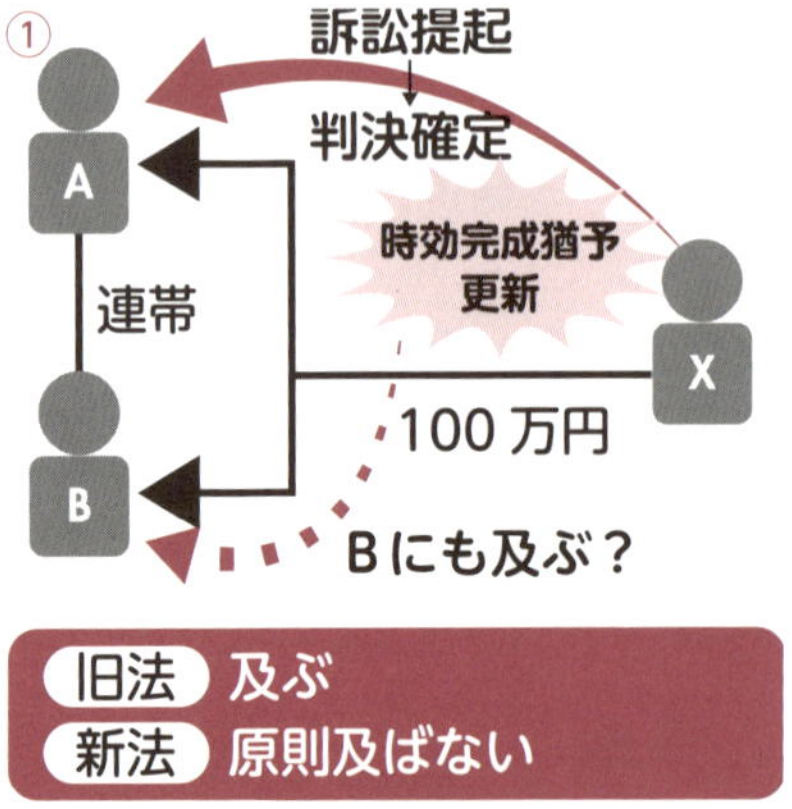

A ① Bには、Aへの裁判上の請求による時効の完成猶予・更新の効力は及びません。ただし、一人の連帯債務者に対する裁判上の請求の効力が他の連帯債務者にも及ぶ旨の合意をしている場合は、Bの債務にも時効完成猶予・更新の効力が生じます。

② 原則として100万円の支払義務があります。ただし、一人の連帯債務者の消滅時効の完成の効力が他の連帯債務者にも及ぶ旨の合意をしていれば、50万円の支払いで足ります。

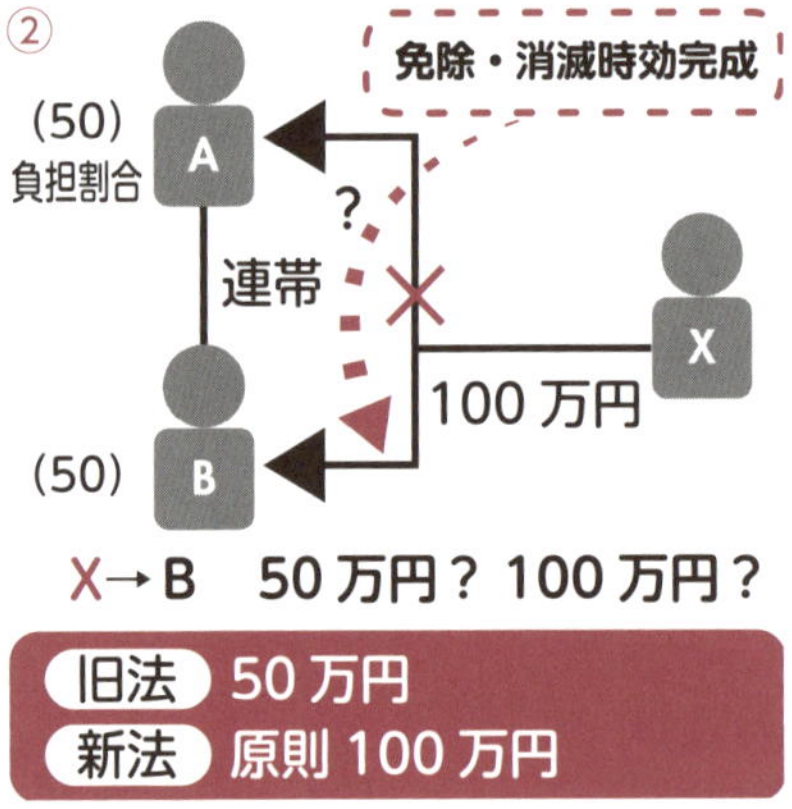

③ Aの債権を相殺して債務を消滅させることはできませんが、AのXに対する債権の存在を主張して、Aの負担部分である50万円を限度として、支払いを拒絶することは可能です。

❶ 連帯債務において絶対的効力が認められる範囲が狭くなる

連帯債務とは、債務の目的がその性質上分けられる（可分）場合で、法令の規定や当事者の意思表示によって、数人が連帯して負担する債務のことをいいます。

連帯債務者と債権者との関係（対外的関係）において、一人の連帯債務者について生じた事由が他の連帯債務者に対して影響を及ぼすことを「絶対的効力」といい、一人の連帯債務者について生じた事由が他の連帯債務者には影響を及ぼさず、その連帯債務者に対してのみ効力が生じることを「相対的効力」といいます。

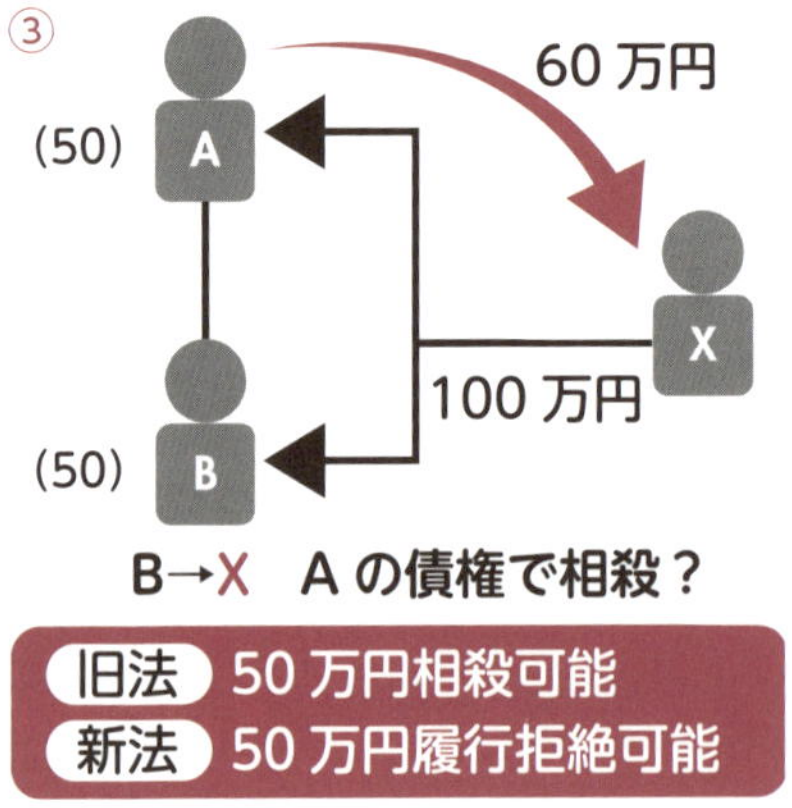

　旧法では、絶対的効力が認められる範囲が広すぎるという批判があり、新法では、旧法で絶対的効力があるとされていた事由の一部について、原則的に相対的効力を有するものとしたうえで、当事者の合意によって絶対的効力を認めることが可能と整理しました（441条ただし書）。

　改正前後の絶対的効力事由・相対的効力事由は表1のとおりです。

●表1

事由	旧法	新法
履行の請求	絶対的効力	相対的効力 合意により絶対的効力
更改	絶対的効力	絶対的効力
相殺	絶対的効力	絶対的効力
混同	絶対的効力	絶対的効力
免除	絶対的効力	相対的効力 合意により絶対的効力
消滅時効の完成	絶対的効力	相対的効力 合意により絶対的効力
その他	相対的効力	相対的効力 合意により絶対的効力（※）

赤字：改正点
※当事者が任意に処分できる利益ではないものなど、すべてについて合意で絶対的効力事由とできるわけではないと解されます。

❷他の連帯債務者に効力が及ぶ範囲

（1）履行の請求

　旧法では、連帯債務者の一人に対する履行の請求は他の連帯債務者にも効力が生じるとされていました（旧法432条）。Q①の事例では、Bとの関係でも裁判上の請求の効果が及び、時効の中断の効力も生じていました。しかし、請求を受けていない連帯債務者は、自らの知らないところで、時効の完成猶予・更新の効力が生じたり、履行遅滞に陥ってしまうなど、不測の損害が生じるおそれがありました。

　そこで、新法では、原則として、連帯債務者の一人に対する履行の請求は、他の連帯債務者には効力を生じないと改正され（441条本文）、裁判上の請求による時効の完成猶予や更新の効力も生じないことになりました。ただし、新法では、絶対的効力をもたせる旨の合意をすることが可能とされています（441条ただし書）。

（2）免除・消滅時効の完成

　旧法では、連帯債務者の一人について債権者が免除したり、消滅時効が完成すると、他の連帯債務者にも影響を及ぼすとされていました（旧法437条、同439条）。Q②の事例では、Aの負担部分50万円について、XはBとの関係でも請求できなくなり、合計50万円しか回収できないことになります。

　しかし、このような結論は連帯債務者の一人のみを免除しようとした債権者の意思に反するといった批判があり、また、特定の連帯債務者から回収予定であるにもかかわらず連帯債務者全員について時効を止める措置を取らざるをえないという不都合がありました。

　そこで、新法では、原則として免除や消滅時効の完成については相対的効力しか生じないとしたうえで、当事者が絶対的効力を認める旨の合意をした場合にはその意思に従うと改正しました（新法441条）。

❸他の連帯債務者の債権による相殺

　旧法では、連帯債務者の一人が債権者に対して債権（反対債権）を有している場合、その連帯債務者の負担部分の範囲で、他の連帯債務者が相殺することができるとされていました（旧法436条2項）。Q③の事例では、Bは、Aの負担部分である50万円の範囲で相殺して、債務を消滅させることができました。

　しかし、他の連帯債務者に、反対債権を処分する権限を与える必要はなく、他の連帯債務者には履行の拒絶権だけを与えれば足りるとの批判があり、そのような規律に改められました（新法439条2項）。

❹連帯の免除と無資力となった連帯債務者の負担部分

　前述の改正点のほか、連帯債務に関する実質的な改正点として、旧法では、連帯債務者のうち一人が連帯の免除を得た場合において、他の連帯債務者のなかに弁済する資力がない者があるときは、その免除を受けた連帯債務者が追加で負担すべき部分は債権者が負担するという規定がありました（旧法445条）が、新法ではこの規定は削除されました。そのため、無資力となった連帯債務者の負担部分は、連帯の免除を受けた者を含めた他の連帯債務者が平等に負担することになりました。

（松本久美子）

22 友人が勝手に借金の返済をしてしまったら取り消せないの？

―第三者弁済、預貯金口座を通じた振込みによる弁済

〈弁済〉

Q 私（Y）は知人のXからお金を借りているのですが、私の知らないうちに友人のZが私の借金をXに返済してしまいました。私はZに対して借りを作りたくなかったので、勝手に返済をしてほしくはなかったのですが、このようなZの返済は有効なのでしょうか。

　また、新法において、弁済に関するその他の改正点があれば教えてください。

A 弁済とは、債務者が債務の本旨に従って給付を行うことを言い、それによって債務が消滅します。たとえば、金銭の貸し借りがある場合に、債務者が借り入れた金銭を返済することは、弁済に該当します。

　新法においては、弁済に関して多くの改正がなされていますが、ここでは、第三者による弁済と預貯金口座を通じた振込みによる弁済に関する改正について説明します。

❶第三者による弁済

　新法においては、弁済をするについて正当な利益を有する者でない第三者は債務者の意思に反して弁済をすることができないとしつつ（原則）、第三者弁済を受ける債権者を保護するため、弁済をするについて正当な利益を有する者でない第三者の弁済が債務者の意思に反する場合であっても、債務者の意思に反することを債権者が知らなかったときは、その弁済は有効とされています（例外）。

　たとえば、債権者Xが債務者Yに金銭の貸付けをしているところ、債権者Xは、その貸付けには無関係である債務者Yの友人Zが返済を受けたという事案を考えてみましょう。

　本来、債務者Yは友人Zに借りを作るようなことはしたくなかったため、債権者Xに対する友人Zによる弁済には反対であったとすると、上記原則に従うと、友人Zは債権者Xに対して弁済はできない（＝弁済は無効）となってしまいます。しかし、これでは、債務者Yと友人Z間の事情を知らない債権者Xにとって酷であることから、友人Zによる弁済が債務者Yの意思に反することを知らない限りは、その弁済を有効として認めることとしたものです。

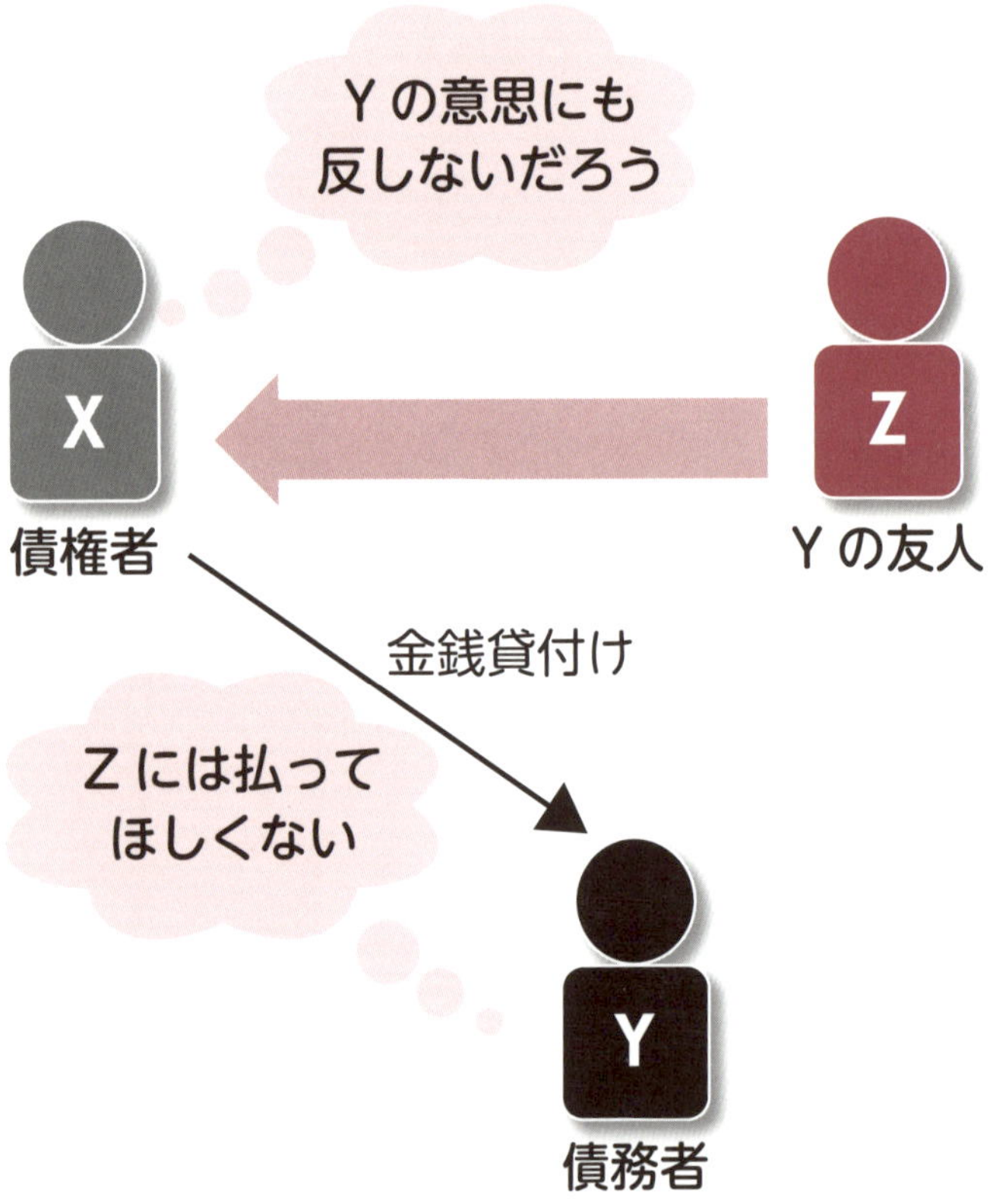

（出典）法務省民事局説明資料 P.51（一部改変）

振込みによる弁済はいつ効力が生じるの？

　なお、債務者は善意であればよく、過失の有無は問わないとされているため、債権者Xとしては債務者Yの意思に反することを知らなければよく、債務者Yにその意思を確認しなかったことをもって、弁済が無効とされることはありません。

　また、弁済をするについて正当な利益を有する者でない第三者による弁済については、そのような者による弁済を債権者が望まない場合には、その意思を尊重することが適切であることから、そのような第三者は、原則として債権者の意思に反して弁済をすることができないとされています。Qの事案で言うと、友人Zによる弁済が、債務者Yの意思に反しないものである場合にも、債権者Xとしてそれを望まないのであれば、友人Zからの弁済を拒絶することができることになります。

❷預貯金口座を通じた振込みによる弁済の効力

　次に、預貯金口座を通じた振込みによる弁済について、旧法では規定がなかったところ、新法では、そのような弁済の効力は、債権者が預貯金債権の債務者に対してその払込みにかかる金額の払戻しを請求する権利を取得したときに生ずるものとされました。

　たとえば、銀行口座への振込み手続きを営業時間外に行った場合、債権者の銀行口座にその振込みが反映されるのは通常翌営業日になりますが、この場合、振込み手続きを行った日ではなく、翌営業日に弁済の効力が生じることとなります。

❸その他の改正

　弁済については、従来の通説や判例の考え方を明文化・明確化する趣旨での改正が多く、実務上大きな影響を受けることはないと考えられますが、上記のほか、代物弁済に関する改正、弁済の充当に関する改正、供託に関する改正、弁済による代位に関する改正等があり、留意が必要であると考えられます。

（赤崎雄作）

第三者弁済における実務的対応について

　Qにおける事例では、友人Ｚの弁済が、債務者Ｘの意思に反していたことから、その弁済の有効性が問題となりました。では債権者Ｘとしてはどのような対応をすることが望ましいのでしょうか。

　実務的には、債務者Ｙからは、友人Ｚの弁済に異議がない旨記載した書面を、友人Ｚからは自らの弁済が債務者Ｙの意思に反するものではないことを表明保証する旨記載した書面を、それぞれ取得することにより、書面上、債務者Ｙの意思を明らかにしておくことが考えられます。

　第三者弁済の局面に限られず、後日紛争になった際には書面が重要な意味を持つので、関係当事者から書面を取得しておくことは法的には非常に重要であるといえます。

〈消費貸借契約〉

23 メールでのやりとりでお金を貸すことを約束したが、取り消すことはできないの？

―書面による金銭消費貸借契約の見直し

Q 私は、知人からの紹介で、Aさんに年利6％で100万円を貸すことにしました。

返済条件等についてはメールでやりとりをして合意に至り、10日後に私の事務所に来てもらえれば、100万円を渡すということをメールでは約束しました。

しかしながら、10日後になる前に、Aさんから別件で失礼な対応をされたので100万円は貸したくありません。民法は、金銭消費貸借契約は金銭を交付するまでは契約が成立しないと聞いており、契約書も作成していないので、貸さないということにしてもよいでしょうか。

A 民法改正により、書面による金銭消費貸借契約は、金銭の交付前でも合意によって成立することが明記され、この書面には電子メールも含まれます。

上記のやり取りですと、メールで10日後に貸付けを行うことの合意があると評価されると思いますので、貸主にはすでに貸す義務が発生しており、解除できるような事情がない限り、期日において貸付けを行う必要があるということになります。

❶消費貸借とは

消費貸借とは、当事者の一方（借主）が種類、品質および数量の同じ物をもって返還をすることを約して相手方（貸主）から金銭その他の代替性のある物を受け取る契約をいいます。

いわゆる借金が代表的な例になりますが、金銭に限らず、物品でも消費貸借の目的とすることはできます。

賃貸借と異なり、その物品の所有権は借主に移転し、借主は自由に消費することができ、その代わり、同価値の物を返還するという契約になります。

❷どこが改正されたか

(1) 書面による消費貸借契約は合意により成立

旧法でも、消費貸借は、原則として消費貸借の目的となる金銭その他の代替性のある物が交付された時点で契約が成立することになります。

この交付がされるまでは契約が成立していないので、原則として、単なる合意をしただけでは、実際に交付されるまでの間は貸主に貸す義務が発生しないことになります。

もっとも、旧法の下でも、判例は、事案によっては、合意によって（金銭の交付前でも）消費貸借契約が成立することを認めていました。

そこで、新法では、「書面による」消費貸借契約は、合意によって成立することを明記しました（新法587条の2第1項）（図1参照）。

なお、電磁的記録（電子メールを含みます）によってされたときも書面によってなされたとみされることになります（新法587条の2第4項）。

(2) 書面でする消費貸借の解除

前述のとおり、書面でする消費貸借契約は、金銭等の交付前に合意によって成立することになりますが、新法で、借主は、金銭等を受け取るまでは契約の解除をできるとされています。

その一方で、貸主が解除によって損害を受けたときは、借主に対して損害賠償請求をできるとすることでバランスを図っています（新法587条の2第2項）。

(3) 利息

旧法では消費貸借の利息発生に関する明文の規定は存在しませんでしたが、新法では、特約がなければ、利息を請求することができず、この特約があるときは、貸主は、金銭その他の物を借主が受け取った日以後の利息を請求できると明記されました（新法589条）。

(4) 返還時期の定めがある場合の期限前弁済

旧法では、返還時期の定めがない消費貸借の借主は、いつでも目的物を返還できるとされていましたが、返還時期の定めがある場合に、期限前弁済を行うとどうなるかについての定めはなく、解釈において、期限の利益を放棄して期限前の返済をすることができると解されていました。

新法では、返還の時期の定めの有無にかかわらず、いつでも返還をすることができるとされました（新法591条2項）。ただし、返還時期の定めがある場合の期限前弁済において、これによって貸主が損害を受けたときは、借主は賠償義務を負担することになります（新法591条3項）。

●図1

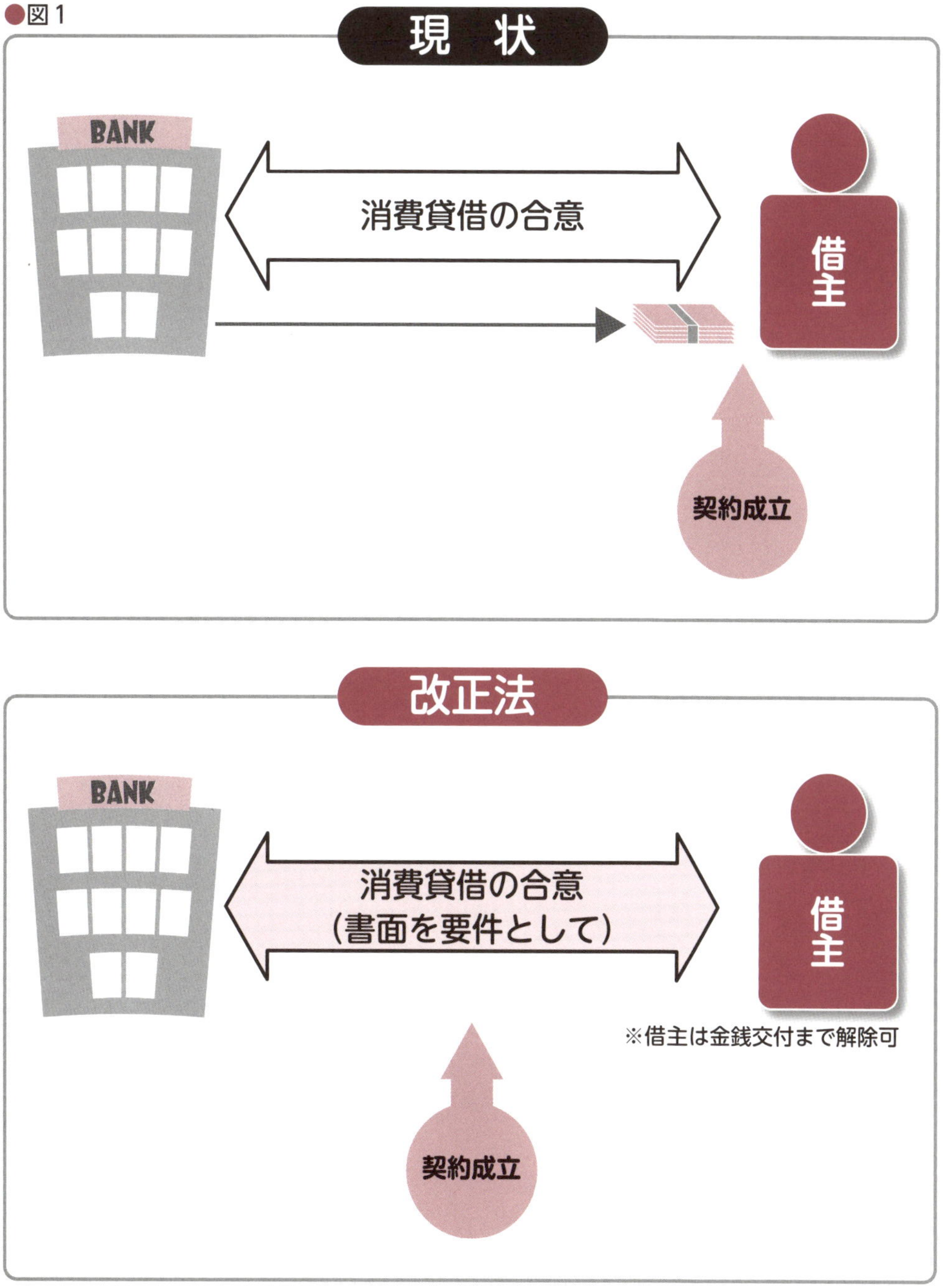

（出典）法務省民事局説明資料 P.56

❸電子メールでの消費貸借に関するやりとりには注意

上記のとおり、書面による消費貸借契約は合意によって成立することになります。実際の契約書等の書面まで交わす場合には当事者にも契約に拘束される認識があるため、新法でなんらか重大な影響が生じるということはないと思われます。

もっとも、この書面には電子メールも含まれることになります。電子メールで消費貸借に関するやりとりをし、その合意に至った場合には、書面による消費貸借契約が成立したと評価される可能性があるため、留意が必要です。

（古川純平）

24 お互いに相手に支払ってもらうべき債権をもっていても、債務が不法行為により生じた場合は相殺できないの？ 〈相殺禁止〉

—相殺禁止可能な範囲

Q AとBは、駐車場で出会い頭に衝突してしまいました。お互い、幸い怪我もなく、車の損傷だけで、Aの修理費は10万円、Bの修理費は5万円でしたが、Bは任意保険に加入しておらず、資力がないことが判明しました。過失割合は五分五分ということで話がついているのですが、AはBから支払ってもらうことができない一方、Bの修理費を支払わなければならないのでしょうか。

AからBに相殺すると意思表示すれば、それで解決できますか。不法行為による債権の場合には相殺はできないと聞いたことがあるのですか、そうなのでしょうか。

A そのようなことはありません。AからBに相殺すると意思表示することで、Aが負担すべきBの修理費2万5000円については、相殺することが可能です。

❶債務が不法行為により生じた場合には相殺が禁止されていた理由

確かに、旧法509条においては、「債務が不法行為によって生じたときは、その債務者は、相殺をもって債権者に対抗することはできない」と規定されていました。

お互いに相手に支払ってもらうべき債権をもっている場合、一方的に相殺をするという意思表示をすることで、お互いの債権を消滅させることができると、簡便ではあるのですが、債務が不法行為により生じた場合には、

①現実の給付を実現させることで被害者を保護するとともに、

②報復的不法行為の誘発を防止すること

を目的として、不法行為による債務については、一方的に相殺の意思表示をすることで、相手に対抗することはできないとされていました。もちろん、双方が合意すれば、相殺をすることは可能でした。

❷相殺禁止は合理的な範囲に限定

相殺が禁止される規定がおかれた上記①②の趣旨からすれば、本問のような事故において、相殺を禁止する理由はないのではないかという疑問が生じていました。

そこで、①②の趣旨がまさにあてはまる類型だけ相殺を禁止すればよいのではないかということで、相殺禁止の規定を

ⅰ 悪意による不法行為に基づく損害賠償債務（①の観点）

ⅱ 人の生命または身体の傷害による損害賠償の債務（②の観点）

に限定する改正がされました。

（角野佑子）

修理費の支払いはどうすればいいの？

◆執筆者一覧

小林《こばやし》 章博《あきひろ》	弁護士	第2部	約款
錦野《にしきの》 裕宗《ひろのり》	弁護士	第2部	債権譲渡
古川《ふるかわ》 純平《じゅんぺい》	弁護士	第2部	法定利率・消費貸借契約
赤崎《あかさき》 雄作《ゆうさく》	弁護士	第2部	保証・弁済
角野《つの》 佑子《ゆうこ》	弁護士	第2部	保証・相殺禁止
松本《まつもと》 久美子《くみこ》	弁護士	第2部	消滅時効・連帯債務
髙橋《たかはし》 瑛輝《えいき》	弁護士	第2部	消滅時効・瑕疵担保責任
西中《にしなか》 宇紘《たかひろ》	弁護士	第1部	金融業界
		第2部	債務不履行・危険負担
江藤《えとう》 寿美怜《すみれ》	弁護士	第1部	ＩＴ・製造業界
		第2部	代理
祐川《すけがわ》 友磨《ゆうま》	弁護士	第1部	建築・不動産業界
		第2部	請負契約
山本《やまもと》 浩平《こうへい》	弁護士	第1部	小売・サービス業
		第2部	賃貸借契約
丸山《まるやま》 悠《ゆう》	弁護士	第1部	企業全般・個人事業主
		第2部	契約の成立
金木《かねき》 伸行《のぶゆき》	弁護士	第1部	企業全般・個人事業主
		第2部	責任財産の保全
西川《にしかわ》 昇大《しょうた》	弁護士	第1部	企業全般・個人事業主
		第2部	意思能力・意思表示

◆著者紹介

弁護士法人　中央総合法律事務所（Chuo Sogo Law Office, P. C.）

1968 年　中務嗣治郎が独立して、中務法律事務所を開設
1989 年　事務所名を中央総合法律事務所に改称
2003 年　弁護士法人中央総合法律事務所として法人化
GLOBALAW（世界約 170 都市、弁護士数約 5,000 人が加盟する国際的な法律事務所のネットワーク）に加盟

● **大阪事務所**
大阪市北区西天満 2 丁目 10 番 2 号 幸田ビル 11 階（受付 5 階）

● **東京事務所**
東京都千代田区内幸町 1 丁目 1 番 7 号 日比谷Ｕ－１ビル 11 階
＊令和元年 11 月より、下記所在地へ移転予定
〈新住所〉
東京都千代田区内幸町 2 丁目 2 番 3 号　日比谷国際ビル 18 階

● **京都事務所**
京都市下京区四条通烏丸東入ル長刀鉾町 8 番 京都三井ビル 3 階

暮らしとおかね Vol.6
知らないと大変 民法改正 Q&A

2019 年 9 月 30 日　初版第 1 刷発行

発行人　中野進介
著　者　弁護士法人 中央総合法律事務所
編　集　『暮らしとおかね』編集部
編集長　近藤樹子
ゼネラル・プロデューサー　馬場隆
プロデューサー　山下日出之、関口誠一
イラスト・漫画　今野紺、ハマサキ
デザイン・DTP　株式会社 麒麟三隻館・花本浩一、永山浩司、鈴木千洋

発行所　株式会社ビジネス教育出版社
〒 102-0074　東京都千代田区九段南 4-7-13
TEL：03-3221-5361㈹　FAX：03-3222-7878
E-mail：info@bks.co.jp　URL：https://www.bks.co.jp

落丁・乱丁はお取替えします。
ISBN978-4-8283-0783-1
C0036
印刷・製本　萩原印刷株式会社